Kalifornien

Amerikanisches Traumland – von den Beach Boys zu Schwarzenegger, von den Nationalparks ins Silicon Valley

Liebe Leserin, lieber Leser,

Kalifornien verkörpert den Inbegriff amerikanischer Lebensart. Spektakuläre Natur, aufregende Städte und eine ganz eigene Kultur, die uns Europäer schon seit Jahrzehnten fasziniert. Früher waren es die Flower-Power-People, heute sind es die Computerfreaks aus dem Silicon Valley. Kalifornien ist die Heimat von Mickymaus, Hollywood ist hier zu Hause und der Bundesstaat wird von einem veritablen Filmschauspieler regiert.

Die Autoren dieser MERIAN-Ausgabe sind tiefer in die Geschichte eingestiegen. Henryk M. Broder begab sich auf die Spur der deutschen Exilanten der Nazizeit und stieß auf Konrad Kellen, der hochbetagt immer noch in Pacific Palisades (Santa Monica) lebt und beredt Auskunft geben konnte über Thomas Mann, dessen Privatsekretär er vor mehr als einem halben Jahrhundert war. Brunhilde Seeler-Herzog schreibt über die Missionsstationen der Spanier, einst zur Abwehr gegen russischen Expansionsdrang errichtet und später die Keimzelle von Städten wie San Diego und San Francisco.

Außerdem waren die MERIAN-Reporter in einer Geisterstadt, unterwegs in den vielen Nationalparks und zu Fuß in Los Angeles, einer Stadt, die definitiv nicht auf diese Art der Fortbewegung eingerichtet ist. Ein kalifornisches Abenteuer der ganz anderen Art. Dies und mehr erfahren Sie auf den folgenden Seiten.

Viel Spaß beim Lesen.

Herzlich, Ihr

Andreas Hallaschka
MERIAN-Chefredakteur

Zu **FUSS** eroberten Autor Marc Bielefeld und die Fotografin Vera Hartmann Los Angeles und lernten so ganz neue Seiten der Autofahrerstadt kennen **Seite 28**

Kalifornien war nach 1933 **EXIL** vieler Intellektueller. Autor Henryk M. Broder fand dort dieses Hitlerbild auf einer Dartscheibe im Hause Lion Feuchtwangers – und auch Konrad Kellen, den einstigen Privatsekretär Thomas Manns **Seite 98**

Auf **GEISTER** stieß Judka Strittmatter bei ihrer Ghost Town-Recherche nicht, aber auf den Guide Rod Stuff, der einige schaurige Stories erzählen konnte **Seite 72**

Kalifornien

12 **PORTFOLIO** | **Weiter westwärts geht's nicht mehr**
Berge, Wüsten, Metropolen und dann der Ozean

25 **ESSAY** | **Eureka! Ich habe es gefunden!**
Henryk M. Broder über Eigenheiten Santa Monicas, Exzentriker und die Kalifornisierung der Welt

>> 28 **LOS ANGELES** | **Zu Fuß durch die Autostadt**
Das letzte Abenteuer für Unerschrockene

34 **HOLLYWOOD** | **Sehen, wie die Stars leben**
Wo geht Billy Cristal joggen? Warum hat Halle Berry so viele Mülltonnen? Eine Tour zu den Villen der Stars

>> 38 **NATIONALPARKS** | **In den Freigehegen der Ur-Natur**
Redwood, Yosemite, Death Valley oder einer der anderen großen Nationalparks – ihre Schönheit kann man nur andächtig bestaunen

62 **KUNST** | **Das Vermächtnis des Bulldozers**
Wie der Multi-Millionär Norton Simon eines der besten Museen Amerikas aufbaute

>> 66 **SAN FRANCISCO** | **Das etwas andere Amerika**
Hier kann man den USA ein wenig entkommen

>> 72 **GHOST TOWNS** | **Goodbye, I'm going to Bodie**
Eine Reise in die verlassenen Goldgräberstädte

78 **NAPA VALLEY** | **Im Tal der Trauben**
Spitzenweine durch Hightech und Näschen

84 **INDIANER** | **Black Jack beim Roten Mann**
Mit Kasino-Lizenzen erlangen die Ureinwohner Wohlstand und ein wenig Gerechtigkeit

94 **MISSIONSSTÄDTE** | **Nach spanischer Flöte**
Wie die Spanier aus Angst vor den Russen Missionen in Kalifornien gründeten und die Indianer christianisierten

98 **LITERATUR** | **Das Exil im Paradies**
Thomas Mann, Lion Feuchtwanger und viele andere flohen vor den Nazis nach Kalifornien. Eine Spurensuche

104 **ANDERS LEBEN** | **Stille Tage in Bolinas**
An der Küste im Norden hat eine Hippie-Kolonie überlebt

RUBRIKEN

3 **Editorial**

8 **Skizzen** Zeitsprung / Hearst Castle / Frank Sinatras Haus / Alice Waters Küche / Kalifornischer Mohn

92 **Impressum, Bildnachweis**

SEITE 72

GHOST TOWNS

Wenn es Nacht wird in den Geisterstädten der Mojave-Wüste, packt Fotograf Berthold Steinhilber seine Kamera aus. Ergebnis: optische Erinnerungen an goldenen Zeiten

MERIAN | Info >> SEITE 110

110 **Service** | TopTen / Einreise-Infos / Aktuelles / Landesdaten / Buchtipps / Klima

112 **Sehenswert** | Disneyland / Lake Tahoe / Napa Valley / San Francisco / Universal Studios/ Monterey / Carmel / Big Sur / Santa Barbara / L.A. / San Diego in zwei Tagen

118 **Essen + Trinken** | Die besten Restaurants

119 **Über Nacht** | Günstige Beach-Motels und Luxus-Hotels

120 **Aktiv** | Mit Kindern unterwegs / Sport-Tipps

122 **Geschichte** | Der „Summer of Love" 1967

123 **MERIAN-Karte**

126 **Highway No. 1** | Eine wunderbare Panoramastraße

130 **Vorschau**

>> Titelthemen

SEITE 12

PORTFOLIO

Ein kalifornischer Bilderbogen mit den besten Fotos aus Städten (oben: San Diego), von Landschaften und Menschen

SEITE 98

EXIL IM PARADIES

Wie deutsche Intellektuelle (unten: Thomas Mann in seinem Garten in Pacific Palisades) im kalifornischen Exil während der Nazizeit lebten und überlebten

SEITE 38

NATIONALPARKS

Der Glacier Point in Yosemite, die Wälder von Redwood und Sequoia und das Death Valley sind das Eindrucksvollste, was Kalifornien zu bieten hat

SEITE 28

LOS ANGELES

Eine Wanderung durch die Stadt, die für das Automobil (und das Surfboard natürlich) gebaut wurde, ist wider Erwarten tatsächlich möglich

SEITE 66

SAN FRANCISCO

Mal klassisch, mal modern, aber immer weltoffen – die Stadt, die sich vom restlichen Amerika unterscheidet

1 Wenn der CEO hierauf hört, kürzt er den Forschungsetat, um aus der Krise unbeschadet herauszukommen

2 Wenn der CEO hierauf hört, stockt er den Forschungsetat auf, um aus der Krise als Sieger hervorzugehen

1

manager magazin

Wirtschaft aus erster Hand

Auferstanden aus Ruinen: San Franciscos zerstörte City Hall nach dem Erdbeben 1906 und in heutiger Pracht

1981

1998

Zwei Ausgaben widmete MERIAN bisher dem „Golden State" zwischen Wüste, Pazifik, Oregon und Mexiko

ZEITSPRUNG

Als die **Erde bebte**

Am Abend des 17. April 1906 feierte San Francisco noch den Auftritt des Tenors Enrico Caruso in Bizets Oper „Carmen". Ein paar Stunden später, um 5.13 Uhr bebte die Erde. Rund 700 Menschen kamen ums Leben, fast 30 000 Häuser fielen in Schutt und Asche. Auch das Rathaus, die City Hall (oben links), wurde ein Opfer des Bebens und der einsetzenden Feuersbrunst. Beim Wiederaufbau orientierte man sich am Stil der Französischen Renaissance, die imposante goldene Kuppel (Foto rechts) ist 92 Meter hoch. Der Gebäudetrakt dient heute wieder der Stadtverwaltung, wird aber auch als Kulturpalast genutzt. So ist auch die Oper, das „War Memorial Opera House", hier untergebracht. Übrigens: Caruso überstand das Beben unbeschadet, verließ San Francisco am selben Tag und kam nie wieder.

ZAHLENSPIEL

7 Millionen
Fahrzeuge gibt es in L.A. und damit mehr Autos als Fahrer.

50 000
Menschen leben als Obdachlose auf den Straßen des reichsten Bundestaates der USA.

15 000
Erdbeben werden jedes Jahr in Kalifornien registriert.

4900
Jahre alt sind die wohl ältesten Bäume der Welt, Grannenkiefern in den White Mountains.

3 x
könnte man mit den Stahldrähten der zwei großen Tragseile der Golden Gate Bridge den Äquator umspannen.

WIE ES LEUCHTET Goldiges **Schlafmützchen**

Im Sommer taucht der Kappenmohn (Eschscholzia californica, Californian Poppy) weite Landstriche Kaliforniens in ein leuchtendes Gelb-Orange. Die bei uns auch als Goldmohn oder Schlafmützchen bekannte Pflanze ist aber nicht nur schön, sondern auch von Nutzen: Seit Urzeiten wird sie von den Indianern als Heil- und Rauschmittel und in Mexiko als Ersatz für Opium verwendet. Euphorisierend, angstlösend und schmerzlindernd in der Wirkung, können die Blüten geraucht oder als Tee getrunken werden. Das Schlafmützchen hat es bis in das Wappen des Bundesstaates Kalifornien geschafft. An den Grenzen begrüßt es Neuankömmlinge auf Willkommensschildern. Yeah!

Am Anblick des in kräftigen Farben blühenden Goldmohns kann man sich berauschen

Mein Sohn war ein
Zylinder
kolben.
Alle Automobilbegeisterten, die auch mal ein Zylinderkolben sein wollen, müssen wir leider enttäuschen. Das können in der Autostadt nur Kinder. Erwachsene können wir nur zu Treibstoffforschern, Stuntmen und Autodesignern machen. Aber das wird mit Sicherheit auch gefallen. Allen, die mehr über Typveränderung in der Autostadt wissen wollen, helfen wir gerne unter 0800 288 678 238 oder www.autostadt.de.
Menschen, Autos und was sie bewegt
AUTOSTADT

Das Neptunbad im Temple Garden ist antiken Vorbildern aus dem 2. Jahrhundert frei nachempfunden. Zu bestaunen auf einer Fahrt mit Linie 4 der Hearst Castle Tours

HEARST CASTLE **Scheußlich** schön

Er liebte deutsches Bier, seinen Dackel „Helen" und Gerüchte aus Hollywood. Die Gäste der Feste auf seinem Schloss waren so ausgewählt, dass heiße Debatten sich von selbst entzündeten und immer eine „News" für seine Gazetten dabei heraussprang. William Randolph Hearst (1863-1951), Zeitungsmagnat, Kunstsammler und Lebemann, errichtete sich sein Denkmal selbst: Hearst Castle, das „Neuschwanstein Kaliforniens", entstand in fast dreißigjähriger Bauzeit zwischen 1919 und 1947. Das Schloss ist eine fantastische architektonische Scheußlichkeit. Schwülstiges Barock trifft auf gotische Düsternis, Klassizismus-Imitate auf Schweizer Almhütten-Ambiente. Also etwas, das man unbedingt gesehen haben muss. Jährlich kommen 800 000 Besucher. Das Museum ist voll gestopft mit Art-déco-Lampen, spanischen Gobelins und Decken aus der Renaissancezeit. Und alles, ganz nach dem Hearst-Motto „Think big", im XXL-Format. **www.hearstcastle.org**

DOBIDOBIDOO!

Wohnen bei **Sinatra**

Die Partys auf Frank Sinatras Anwesen in Palm Springs waren legendär. Im pianoförmigen Pool sollen sich Greta Garbo und Marlene Dietrich gemeinsam im Evakostüm vergnügt haben. In der Wüste waren die VIPS unter sich: Die Nachbarn von Franky Boy hießen Bob Hope und Elvis Presley. Heute ist Sinatras Haus zu mieten (**www.timeandplacehomes.com**). Natürlich nicht von jedermann, 5145 Dollar für drei Nächte muss hinblättern, wer sich auf 418 Quadratmetern mit sieben Bädern und Sinatras originalem Sound-System einmal wie „The Voice" fühlen möchte. Aber eben ohne Leute wie Marlene.

Hier war „The Voice" zu Hause und gab den Rufer in der Wüste

RUSSEL MOORE »**Hausmanns**kost!«

Seit neunzehn Jahren arbeitet Küchenchef **Russel Moore** im „Chez Panisse" (**www.chez-panisse.com**), dem vielfach ausgezeichneten Restaurant der **Starköchin Alice Waters**, die als Begründerin der modernen kalifornischen Küche gilt. Moore ist der Spiritus Rector hinter der Ikone Waters. Mit seinen neuen Rezepten setzt er Trends.

Was ist typisch für die kalifornische Küche? Viele Gemüsesorten variantenreich zu mischen und mit Fisch zu kombinieren. Gern koche ich dabei auf offenem Feuer.

Gibt es einen neuen Trend? Slow Food, sehr hochwertige Lebensmittel, schonend zubereitet. Man isst mehrere Stunden lang, aber nur wenig. Und ich setze verstärkt auf die gute alte Hausmannskost. Es muss nicht immer exquisit und teuer sein.

Alice Waters propagierte eine moderne kalifornische Küche

ZAHLENSPIEL

600 000
Besucher feiern auf der jährlichen Lesbian Gay Bisexual Parade in San Francisco

1000
Dollar Strafe kostet es, eine Cola-Dose auf die Straße zu werfen

112
Meter misst der höchste bekannte Baum der Welt, ein Redwood im gleichnamigen Nationalpark

43
Grad Celsius beträgt die Höchsttemperatur im Juli in Palms Springs

Jetzt kostenlos
Katalog anfordern!
1000 Routen und ein Ziel:
Kultiviertes Reisen
Studiosus-Reisen erweitern vom ersten Tag an Ihren Blick auf die Welt und schaffen unvergesslich intensive Eindrücke.
Wählen Sie aus dem größten Studienreise-Angebot Europas. Erleben Sie über 100 Länder in ihrer ganzen Vielfalt: Sehenswürdigkeiten und Kultur, Märkte, Strände und die Menschen.
Intensiverleben
Studiosus

Foto: Giovanni Simeone

El Pais Grande del Sur, das große Land im Süden, nannten die spanischen Eroberer die Ozeanküste südlich von Monterey. „Big Sur" sagen die Amerikaner, und der Highway No. 1, der sich am Steilufer entlangschlängelt, ist eine der schönsten Straßen der Welt

WILLKOMMEN AM ENDE DER WELT
WEITER GEHT ES NICHT

Nicht weiter, aber auch nicht lauter, verrückter, schöner. Kalifornien ist landgewordener Superlativ und der Trendsetter für den Rest der Welt

Wie ein Meer aus Licht liegt die „Stadt der Engel" in der Ebene. Los Angeles hat kein Zentrum, sondern es verbindet sich mit benachbarten Städten und Gemeinden zu einer gigantischen Metropole: etwa 14-mal so groß wie Hamburg. Mehr als 16 Millionen Menschen leben hier

Foto: Andrea Artz

LICHTGESTALT L.A.
DIE ENERGIE DER METROPOLIS

Wie der erste Mensch, der seinen Fuß in die Wüste setzt, wirkt die einsame Wanderin in den Stovepipe Wells. Dabei hat bloß ein Sturm am Abend zuvor alle alten Spuren im Tal des Todes mit Sand bedeckt

Foto: Jörg Modrow

DEATH VALLEY
MANCHE MÖGEN'S HEISS

Kalifornische Côte d'Azur: Am 17-Mile-Drive, zwischen Monterey und Carmel, erinnern Farben, Formationen und Häuser ans Mittelmeer

Kühner Schwung: Das Restaurant am Flughafen von L.A. scheint mit der filigranen Science-Fiction-Architektur die Dynamik der Stadt zu spiegeln

CALIFORNIA DREAMIN'

DER STRAND, DAS MEER, DIE BERGE

Die Welle kommt sicher. Das Surfbrett gehört zur Standardausstattung dieser Strandnixen nördlich von Laguna Beach

Schnee in den Santa Ynez Mountains bei Santa Barbara. Zum Skilaufen ist es vom Sonnenbaden am Strand nicht allzu weit

UP & DOWN: DIE STRASSEN VON SAN FRANCISCO

Foto: Christian Heeb

Ein steiles Stück: Die Filbert Street ist die Straße mit dem stärksten Gefälle. Fast unglaubliche 31,5 Prozent geht's hier hinauf – oder hinunter

Die Wüste lebt: Palm Springs ist mit seinem trockenen Wüstenklima ein beliebtes Winterrefugium – wenn man sich's leisten kann

Die Golden Gate Bridge verbindet seit 1937 San Francisco mit Sausalito. Von den Stränden in Stadtnähe hat man die „große Rote" meist im Blick

Mythos Malibu: In den fünfziger und sechziger Jahren der In-Treff für Beatniks und Surfer, heute das Mekka der Reichen und Prominenten

Für viele Biker ein Traum: einmal mit der Harley über den Highway Number One brausen

MAGISCHE ORTE: MALIBU, FRISCO, PALM SPRINGS

Foto: Jörg Modrow

Crazy California: Seit 19 Jahren lebt Leonardo Knight in seinem Bauwagen mitten in der Mojave-Wüste und arbeitet an bizarren Kunstwerken wie einem drei Stockwerke hohen „Berg der Erlösung“

Karges Kalifornien: Bizarre Felsformationen aus Rotsandstein prägen das Bild der Sierra Nevada

EUREKA!

»ICH HABE ES GEFUNDEN«, LAUTET KALIFORNIENS MOTTO

Nach einer schier endlosen Fahrt über den Wilshire Boulevard von Downtown L.A. bis zum Strand von Santa Monica wird man von einer weißen, steinernen Madonna begrüßt. Es scheint, als würde sie sagen: „Willkommen am Ende der Welt, weiter geht es nicht." Hinter der Madonna wellt sich der Pazifik, links führt die Straße nach San Diego und Mexiko, rechts nach San Francisco und Kanada.

Ein seltsames Hochgefühl macht sich im Kopf und Körper breit. Endlich da! Man ist angekommen. Und man ist nicht allein. Die Promenade an der Ocean Avenue ist voll mit *homeless people,* Obdachlosen, die alles, was sie besitzen, am Körper tragen oder in Einkaufskörben vor sich herschieben. Sie sehen aus wie Heimkehrer aus dem Krieg oder wie Gestalten aus einem Back-To-The-Future-Film, Hollywood ist ja nicht weit. Auf der anderen Seite der Straße steigen derweil aus langen weißen Stretch-Limousinen Gäste, die im „Shangri-La" oder im „Georgian" logieren und dort für eine Nacht mehr bezahlen als alle *homeless people* zusammen an einem Tag erbetteln.

„Was für ein Kontrast!", denkt der Besucher, während er mit Verwunderung zur Kenntnis nimmt, dass es erlaubt ist, an der Promenade zu campieren, dass man aber sein Auto nicht über Nacht am Bordstein abstellen darf. Santa Monica ist gegenüber Obdachlosen relativ liberal, Parksünder werden jedoch gnadenlos verfolgt: das Abschleppen und Auslösen der Autos bringt Geld in die Stadtkasse.

Der erste Eindruck ist verwirrend, der zweite auch. Und dabei bleibt es. Sagt man Freunden in New York: „Ich fahre nach Kalifornien!", wünschen sie einem gute Reise und „viel Spaß bei den Coocoos am Pazifik!" Und erzählen, wovon alle Amerikaner überzeugt sind: Könnte man den amerikanischen Kontinent im Osten ein wenig anheben, würden alle Verrückten, Ausgeflippten, Entwurzelten und Außenseiter nach Westen rollen, bis sie in Kalifornien angekommen sind.

An dem Bild ist was dran. Wobei sich die Verrückten, Ausgeflippten, Entwurzelten und Außenseiter nicht als solche empfinden. Sie glauben, sie seien vollkommen normal, und im kalifornischen Kontext sind sie es auch. Um in Kalifornien aus dem Rahmen zu fallen, muss man sich mehr Mühe geben als überall sonst in der Welt, einschließlich New York, Timbuktu und Köln zur Zeit des Karnevals.

Vor einigen Jahren habe ich einen älteren Mann besucht, der in einem Wohnwagen mitten in der Wüste nordöstlich von L.A. lebte. Er hieß Charles Johnson und war Gründer und Präsident der „Flat Earth Society". Während über uns die Maschinen der Air Force donnerten – die Edwards Air Base war nur ein paar Meilen entfernt – erklärte mir Johnson, die Erde sei eine flache Scheibe, die Sache mit der Kugel sei eine Lüge, in die Welt gesetzt von korrupten Wissenschaftlern und skrupellosen Militärs, eine Verschwörung gegen die Wahrheit und den gesunden Menschenverstand. Wenn die Erde wirklich eine Kugel wäre, dann müssten die Australier mit den Köpfen nach unten hängen wie Fliegen an der Decke, und das würde doch kein Mensch schaffen. Am Ende seines Vortrags war ich von der Kraft seiner Argumente dermaßen angetan, dass ich einen Aufnahmeantrag für die „Flat Earth Society" ausfüllte, zumal diese nach kalifornischem Recht als „erzieherische Einrichtung" anerkannt war, was unter anderem bedeutete, dass die Beiträge und Spenden für Johnsons „Society" von der Steuer abgesetzt werden konnten.

Ein paar Tage später traf ich Charles Spiegel, einen liebenswerten Herrn von 75 Jahren, der bei San Diego eine „Uranius Academy of Science" gegründet hatte. Spiegel und seine Anhänger waren überzeugt, im Jahre 2001 werde ein Raumschiff mit etwa 1000 extraterrestrischen Wesen an Bord im Bermuda-Dreick landen; die Aliens würden eine „Weltregierung" ausrufen und allen Weltbewohnern Frieden und Wohlstand bringen. Im Büro des Direktors stand ein Modell des sechsstöckigen Raumschiffs, daneben hing an der Wand eine Urkunde, aus der hervorging, dass auch die „Uranius Academy of Science" als „pädagogische Stiftung" anerkannt und von Steuerzahlungen befreit war. Zum Lunch gingen wir in ein „Red Lobster"-Restaurant, und während ich die Speisekarte studierte, erzählte Spiegel, er sei soeben von einer Reise zum Mars zurückgekehrt, wo er die Wasserkanäle unter der steinigen Oberfläche gesehen habe. Keine Frage, es gebe Leben auf dem Mars. Ich hatte nicht den Eindruck, dass er mich belog. Ein ganz normaler Verrückter in Kalifornien, der sich mit allen gut verstand.

„Der Stil und die Psychologie von Kalifornien war schon immer anders als im übrigen Amerika. Und so ist es noch heute", schreibt der Schriftsteller Herbert Gold in der Einleitung zu „Unknow California", einem Sammelband, in dem Schriftsteller wie Henry Miller, Thomas Pinchon, Norman Mailer und John Steinbeck das Geheinmis des „Golden State" zu enträtseln versuchen. Wie aber soll der einfache Amerikaner begreifen, was in Kalifornien vor sich geht, wenn schon die klügsten Köpfe dazu kaum in der Lage sind?

Statistisch gesehen ist die Sache relativ einfach. Kalifornien ist größer als Italien, aber kleiner als Frankreich. Mit mehr als 35 Millionen Einwohnern ist es der bevölkerungsreichste Staat der USA und er schickt die meisten Abgeordneten in den Kongress nach Washington und auch in das Electoral College, das den Präsidenten wählt. Jeder vierte Einwohner Kaliforniens wurde außerhalb der USA geboren, im Bundesdurchschnitt ist es nur jeder Zehnte. In Kalifornien wurde das Internet erfunden und die sexuelle Revolution ausgerufen. Geht man nach dem Bruttosozialprodukt, ist Kalifornien eine Großmacht unter den Top Ten der Weltwirtschaft, nach Japan, Deutschland und Großbritannien, aber noch vor China, Italien und Kanada.

Der 31. Bundesstaat der USA war politisch und kulturell schon immer eine *separate entity.* Auf Landkarten aus dem 18. Jahrhundert ist Kalifornien passenderweise als eine Insel vor der Westküste Amerikas zu sehen, durch eine breite Wasserstraße vom Kontinent getrennt. Würde sich Kalifornien morgen für unabhängig erklären, könnte es aus eigener Kraft einen souveränen Staat bilden. Tatsächlich ist der Gedanke nicht ganz so abwegig, wie er sich anhört. Er taucht als Vorschlag immer dann auf, wenn Kalifornier sich von der Regierung in Washington übergangen und ausgenutzt fühlen (man hört immer wieder den Satz, die Bürokraten in der Hauptstadt hätten mehr Interesse an Polen als an Kalifornien). Patt Morrison, Kolumnistin bei der *Los Angeles Times*, hat kurz vor den Präsidentschaftswahlen 2004 daran erinnert, dass Kalifornien im Sommer des Jahres 1846 „für 25 glorreiche Tage" eine freie und souveräne Republik war und angeregt, „es noch einmal zu versuchen. Wir haben alles, was wir brauchen, eine starke Wirtschaft, mehr Nobelpreisträger als jedes andere Land der Welt, Hollywood, das Meer, die Wüste, die Wälder und den besten Rotwein westlich von Bordeaux". Amerikaner, die emigrieren möchten, könnten in Kalifornien eine neue Heimat finden und Schwarzenegger könnte zum Präsidenten gewählt werden, obwohl er nicht im Lande geboren wurde. Wie ernst der Vorschlag auch gemeint war, viele Leser der *Los Angeles Times* reagierten begeistert. „Wo kann ich die Petition für ein freies und unabhängiges Kalifornien unterschreiben?", wollte einer wissen. Und: „Kalifornien sollte einen Prozess in den USA einleiten, wie er in der Sowjetunion zum Zusammenbruch der UdSSR geführt hat."

Der Historiker und Schriftsteller Norman Klein, der einige Bücher über das kalifornische Phänomen geschrieben hat, sagt: „Alles, was heute in Kalifornien passiert, ist noch immer eine Folge des Goldrausches von 1848. Leute kommen hierher, um schnell reich zu werden. Sie wollen drei Monate bleiben und gehen nie wieder weg". Er spricht von einer „Phantom-Quality", die es unmöglich mache, die Fakten von den Mythen zu unterscheiden, von einer „Californication" der Welt, wobei die Filmindustrie als „globaler Vampir" vorangehe. „Kalifornien, das ist die Zukunft, leider 15 Jahre zu spät."

Das offizielle Motto Kaliforniens lautet „Eureka" – Ich habe es gefunden. Was „es" ist, das kann jeder für sich entscheiden. □

Henryk M. Broder, *geb. 1946 in Katowice, lebt in Berlin und schreibt u. a. für den* Spiegel *und* Spiegel Online.

An der Ocean Avenue in Santa Monica gehören Obdachlose und Stretch-Limousinen zum Straßenbild

»WIR HABEN ALLES: DAS MEER, DIE WÜSTE, DIE WÄLDER UND DEN WEIN«

LOS ANGELES

I' M WALKING: MERIAN-AUTOR MARC BIELEFELD GING ZU FUSS DURCH DIE STADT, DIE FÜR DAS AUTOMOBIL GEBAUT WURDE

FOTOS: VERA HARTMANN

Mann und Maus. Wer sich wie MERIAN-Autor Marc Bielefeld (hier auf der La Brea Avenue) zu Fuß durch die Autostadt L.A. wagt, sollte hart im Nehmen und mindestens so unerschrocken sein wie Micky Mouse

LOS ANGELES

Du bist gut beraten, dir ein Paar solide Schuhe zu besorgen. Nicht zu dicke, denn es kann heiß werden. Eine feste Sohle sollten sie haben, denn du wirst meilenweit wandeln. Am Rande der Avenues, der Boulevards, vorbei an endlosen Häuserblöcken. Stell dich darauf ein, ungläubige Blicke zu ernten. Du wirst ziemlich allein sein. Denn du bist in Los Angeles unterwegs. Zu Fuß.

Fünfzigstöckig ragen die Wolkenkratzer von Downtown vor dir empor, die US Bank, das Union Bank Building, Stahlriesen mit Glasfronten. Unten auf dem Freeway 110 kriechen Autokolonnen, sechzehnspurig und „*bumper to bumper*", wie die Amerikaner sagen, Stoßstange an Stoßstange. Auf den kreuzenden Brücken: Zigtausende Compacts, Vans, Groß- und Kleinwagen schleichen mit ihren Automatikgetrieben zur Arbeit, irgendwo ins verschachtelte L.A. Kein Wunder, dass Michael Douglas im Film „Falling Down" in einem Stau in Los Angeles durchdrehte.

Unter den wenigen Geschäftsleuten, die ein paar Meter zu Fuß hetzen, kommt ein runder, rothaariger Mann auf dich zu. Wie weit es nach Hollywood sei, willst du wissen. „Nimm die Ausfahrt an der 101, halte dich acht Meilen westlich, dann über den Santa Monica Boulevard." Eine schnelle Antwort, knapp, präzise, amerikanisch.

„Ich bin zu Fuß", sagst du. „Oh." Der Mann überlegt. „Okay, warte, nimm die Metro, da ist irgendwo eine Station am Pershing Square, du müsstest wohl umsteigen, ich glaube, es gibt da oben Busse, irgendwo am ..."

„Kann ich nicht gehen?"

„O Gott, nein! Du würdest zwei Tage brauchen."

Dann bist du wieder allein. Und gehst los. Richtung Westen, wie einst die Pioniere. Die Stadt der Engel ist nicht für dich gemacht. Du bist zu klein und zu langsam. Die Dimensionen schrumpfen dich zum belanglosen Partikel. Die ersehnte Infrastruktur für einen Fußgänger, kleine Shops, einladende Cafés, Bänke zum Ausruhen – nichts davon kommt in Sicht. Du siehst ja nicht mal einen Radfahrer.

Nein, L.A. ist Autostadt. Bis zu 20 Millionen Vehikel fließen täglich durch die Metropole. Der Gigant ist um das Automobil herum entstanden, ist nach ihm konzipiert. Alles hier richtet sich nach dem Auto-Prinzip. Die Philosophie: Drive, don't walk.

Es gibt Gründe dafür. Viele Städte an der US-Westküste sind erst nach der Erfindung des Autos gewachsen und entsprechend großräumig geplant. Zudem haben die Menschen durch die Erdbeben schnell gelernt: Vergiss New York – baue nicht in die Höhe, baue flach und weit. Das Resultat liegt vor dir. Endlos breitet sich die Stadt aus, spreizt sich platt bis zum Horizont, nur von vereinzelten Hochhäusern durchbrochen, die wie groteske Zyklopen aus dem Häusermeer staksen.

Neun Millionen Einwohner leben im L.A. County, auf einer Fläche vierzehnmal so groß wie Hamburg. Bis weit hoch ins San Fernando Valley quillt die Stadt, 40 Kilometer tief in den Osten, bis die Vorstädte El Monte, West Covina, Pomona nahtlos angrenzen. Und an den Stränden von Santa Monica und Venice greifen die riesigen Stege wie Klauen in den Pazifik, als würde Los Angeles am liebsten noch ins Meer hinaus wachsen.

Sechs Stunden bist du nun unterwegs. Dein Hemd ist nass, deine Füße qualmen. Die Auswüchse der Automobilherrschaft sind überall. Car-Washs, Reifendienste, Auspuff-Quick-Stops oder die obligatorischen Smog-Checks. An jeder zweiten Ecke steht eine Garage, wo ölverschmierte Mexikaner in große Motorhauben abtauchen. Jede nur erdenkliche Serviceleistung rund ums Auto – die Stadt ist gespickt damit. Und ständig fliegen dir Helikopter über den Kopf. Viele sind mit Kameras bestückt. Stau-TV, Verkehrsnachrichten live aus dem Himmel über den Highways.

Henry David Thoreau, der romantische amerikanische Dichter, schrieb Mitte des 19. Jahrhunderts in seinem Buch „Walking" über den heiligen Akt des schlichten Gehens. Darüber, dass man die wahre Welt nur per pedes entdeckt. Der gute Thoreau. Würde man ihn heute auf den Straßen von L.A. aussetzen, er würde verstummen. 60 Meter breite Teerpisten durchkämmen die Stadt, vierstöckig verknotet, mit eigens eingerichteten Doppelspuren für schnelle „Car-Pools", die nur Autos benutzen dürfen, in denen mindestens zwei Menschen sitzen. So soll die Zahl der vielen Einzelfahrer reduziert werden, und 270 Dollar Strafe muss zahlen, wer die „Fast Lanes" allein entlangbraust.

Langsam driftest du durch den Riesen, Stunde um Stunde, und siehst immer mehr Details, bekommst ein Gespür für die Facetten dieser Stadt. Thoreau hat Recht behalten. Im Viertel Silver Lake entdeckst du plötzlich doch kleine Läden und Cafés. Du darfst dich setzen, einen Salat essen. L.A. schnurrt dir Gemütlichkeit zu. Holzhäuser schmiegen sich in die Hügel, Nachbarn schwatzen, Katzen streunen, langhalsige Palmen stehen im Abendrot. Es herrscht kleinstädtische Stille mitten im Moloch.

Vom kreischbunten Sunset Boulevard, wo abends vor den In-Clubs Schlangen stehen, treibst du weiter ins

Streiflichter eines Streifzuges durch Metropolitan L.A., das aus mehr als 90 Städten und Gemeinden besteht und viele Identitäten vereint: Menschen auf dem mondänen Rodeo Drive (1,7,8), der 4th Street am World Trade Center (3) und den Dirty Sidewalks in Downtown (9), Leute wie Joe Carrenden (4) und die jungen Typen vom Beverly Boulevard (2)

1

LAUNDRY
Kenmore
200 N FC Av
Metro
14
SHOE
REPAIR
2

3

4

03
ONLY
5

6

7

N. RODEO DR
270
8

9

Bis zu 20 Millionen Autos fahren täglich in L.A. Wie hier an der 4th Street Bridge über dem Freeway 110 sind Bürgersteige und Fahrradwege so rar wie Ampeln in der Mojavewüste

reiche Beverly Hills, wo die Stars in abgeschiedenen Villen residieren, als wollten sie mit dem wuselnden L.A. nichts zu tun haben. Später erreichst du den Walk of Fame am neongrellen Hollywood Boulevard, wo zig Weltstars ihre Hand- und Fußabdrücke auf dem Bürgersteig hinterlassen haben. Und wenn du durchhältst, gelangst du irgendwann zum Rodeo Drive, jener marmorglatten Mode-Meile, wo die teuersten Schuhe, die du siehst, 5400 Dollar kosten und wo schon „Pretty Woman" shoppte.

Inzwischen sind drei Tage vergangen, aber du ackerst dich weiter durch. Ecke La Brea und Willoughby Street triffst du Nadja, Kapuze auf, und Billy, mit blaugrün aufgestelltem Irokesenkamm. Die beiden Skateboard-Punks hocken vor einem 99-Cent-Supermarkt auf dem Pflaster und blättern im *L.A. Weekly.* Sie suchen einen Rockladen für den Abend. Und rollen mit den Skateboards durch diese Stadt! Zwei Hasardeure, denkst du. Bis Joe auf dich zukommt.

Joe kam mit sechs Jahren aus Knoxville, Tennessee, nach L.A., weil sein Vater DJ werden wollte. Joe fragt nach einer Zigarette, sein Arm ist gebrochen, er hat einen weißen Bart, und Joe, 54, wird dein Idol werden, was das beharrliche, ausdauernde Gehen betrifft. Denn Joe ist quasi als Profi auf Achse. Er kann nicht anders. Joe Carrenden, Ex-Immobilienhöker, Diabetes, 20 Jahre heroinsüchtig, ist als Penner in Los Angeles gestrandet.

Joe weiß, was es heißt, hier ohne Zuhause, ohne Auto zu überleben. „Das schlimmste sind die Toiletten, es gibt nämlich keine öffentlichen. Du musst erst in ein Restaurant gehen und etwas kaufen. Wenn du Geld hast."

Dafür kennt Joe die Stadt gut. Er erzählt von der Gegend um die L.A. Mission, einem für 1700 Insassen gebauten Gefängnis, in dem sich längst über 3000 Kriminelle drängeln. Joe spricht von den Cracksüchtigen unten an der St. Julian Street, wo sie wie Vogelscheuchen zwischen Einkaufswagen und Plastikplanen vegetieren. Da, sagt Joe, solltest du lieber nicht hingehen.

„Wie stellst du dir dein Leben hier weiter vor?", fragst du ihn.

„Was soll sein?" – Joe Carrenden lacht. „Ich werde auf der Straße leben und eines Tages werde ich auf der Straße sterben."

Du läufst immer weiter, auf Straßen, die sich linealgerade bis zum anderen Ende der Stadt ziehen. Eines vor allem wirst du als *pedestrian* hier nie vergesssen. Was im Auto schnell an dir vorbeiziehen würde, als bunte Randerscheinung, glotzt dich beim Fußmarsch unentwegt an: die Reklame. Du bist umzingelt von Werbebotschaften.

Die Plakate und Billboards sind riesenhaft. Seit einer Stunde guckt dich eine tanzende Frau an, die den neuen iPod von MacIntosh hält. Sie ist so gigantisch auf eine Hausfront gepinselt, dass du sie schon aus zehn Kilometern Entfernung sehen kannst. Die Schriftzüge der Shops, die Slogans der Burger-Ketten: Sie müssen auffallen, durch schiere Größe. In L.A. ein Geschäft gründen, das ohne ein himmelstrebendes Schild auskommt? Unmöglich.

Aber es gibt noch andere Tricks. Am La Cienega Boulevard siehst du Enrique, 32, aus La Merída, Mexiko. Sechs Tage die Woche, sieben Stunden am Stück, schwenkt er ein Schild am Straßenrand auf und ab, als sei er ein großes Batteriemännchen. Für den Mindeststundenlohn von fünf Dollar soll er die Autos anlocken, damit sich die Fahrer aus einem roten Haus eine Doppel-Salami-Extra-Käse-Pizza für zwei Dollar 95 abholen. Enrique, ein lebendes Plakat.

Und doch sticht er kaum heraus. Allein über den berüchtigten Sunset Boulevard strömen täglich 60 000 Chryslers und Konsorten. „Autofahren ist eine Ur-Erfahrung von Los Angeles", schreibt die Journalistin Jamie Wolf im *Los Angeles Magazine*. Die Autokultur habe hier sogar die Art und Weise beeinflusst, wie die Menschen die Welt sehen. Fragmentarisch und abgehackt rase die Realität an ihnen vorbei. Eine Realität, in der das Kleine ertrinkt.

Irgendwann wirst du großen Hunger bekommen. Du gehst in „Mel's Drive in" am Sunset und bestellst einen Cheeseburger. Du siehst James Dean, Elvis, Frank Sinatra. Schwarzweißfotos schmücken das Lokal, dessen Filiale schon im Filmklassiker „American Graffiti" eine Hauptrolle spielte. Darin stoppten die Kids der sechziger Jahre bei „Mel's" und ließen sich ihre Milkshakes von Blondinen auf Rollschuhen an den offenen Fenstern ihrer Pink Cadillacs servieren. Regisseur George Lucas setzte dem amerikanischen Automobilwahn schon 1973 ein filmisches Denkmal. Knutschen, cruisen, essen: kaum eine Szene im Film, die nicht im Auto spielt.

Am Abend wird es kühl in Los Angeles, vor allem in den Santa Monica Mountains. Ganz allein, unter schwarzer Nacht, spazierst du auf dem Mulholland Drive oben in den Bergen. Du kannst von hier oben auf die Stadt herabblicken, in perfektem Winkel, L.A. in Großformat. Im Norden das Valley, im Süden Central City. Rundherum ein Ozean aus gelbem Licht.

Du hältst probeweise den Daumen raus. Aber natürlich nimmt dich hier keiner mit. Kein Auto, das stoppt. Du könntest gefährlich sein, ein Serienmörder. Dabei bist du doch nur ein kleiner Fußgänger im großen Amerika. □

Marc Bielefeld, *Autor in Hamburg, machte für* MERIAN *schon mal eine Gewalttour: mit dem Rad auf Mallorca.*

Wo geht Billy Cristal joggen? Was spielt sich hinter dem Gartentor von Halle Berry ab? Und wer drückte den Lippenstiftkuss auf Marilyns Grab? Wer die Stars liebt, der hat Fragen. MERIAN-Autorin Judka Strittmatter, bekennender Hollywood-Fan, suchte Antworten in L.A.

Sehen, wie die Stars leben

Kniefall vor den Stars: Zwei Britney-Spears-Fans lassen sich auf dem Walk of Fame am Hollywood Boulevard mit dem Stern ihres Idols fotografieren

Wo bitte geht's nach Hollywood? Touristen mit Stadtplan bewaffnet unterwegs zum „Stargazing"

Jack – Hände wie ein Bauarbeiter? Und John – ein Zwerg? Nach einer ersten Stippvisite zum Hollywood Boulevard gerät meine Ergebenheit in Sachen Traumfabrik ins Wanken, jedenfalls, was die Herren Nicholson und Wayne angeht. Das ist doch höchstens Schuhgröße 37, die der Duke hier am 25. Januar 1950 mit seinen Cowboystiefeln in den Zement vorm Grauman's Chinese Theatre gestampft hat. Ein Kerl wie Johnny – und Mädchenfüße?

Abhalten wird mich das auf keinen Fall: Ich liebe Hollywood. Den Glamour, den Glitzer, die Movies, die Stars. Das Wer mit Wem. Wo immer ich einen Protagonisten der Traumfabrik live sehen kann – und sei es nur in Shorts und Schlappen – bin ich da.

Diesmal ist es Los Angeles, denn L.A. ist ihre Stadt. Hier leben die Diven, die Legenden und all die kleinen Starlets, die ihn noch erklimmen wollen, den Hollywood Hill. Hier latscht Leonardo DiCaprio in Flip-Flops durch die Nachbarschaft, hier zischt Tom Cruise am Santa Monica Beach auf seinen Roller Blades vorbei, und hier hat Brad Pitt, als Huhn verkleidet, in den frühen Achtzigern seinen ersten Job gemacht – als Touristenanlocker vor dem mexikanischen Imbiss „El Pollo Loco". Das kolportieren zumindestens Insider, Klatschblätter, und das sagt auch Moe, der mich und eine Handvoll anderer Hollywood-Verrückter dem Glück ein bisschen näher bringen will. Zwei ganze Stunden lang. In einem weißen Van.

Moe ist Guide bei „Starstours", einer Busfirma von vielen, welche die Obsession fremder Leute zu ihrem Business gemacht haben: *Stargazing* sagt man in Amerika dazu, Stars anstarren. Keine Krankheit, eher eine Leidenschaft. Menschlich sozusagen. Und in Japan genauso verbreitet wie in New York, Moskau und Berlin.

Vierzig *breathtaking mansions,* atemberaubende Anwesen, will uns Moe auf einer Tour durch das Areal mit dem berühmtesten Zip-Code der Welt zeigen: 90210. Wenn wir Glück haben, erwischen wir Charlize Theron beim Walking oder Billy Crystal beim Schwätzchen mit dem Nachbarn. Oder niemanden bei gar nichts. Also: Anything goes. And welcome to Hollywood.

Bei Ben Affleck sind schon mal die Fensterläden dicht. Sein Haus, ein Traum in Ocker, steht am Anfang des La Presa Drive. Ist er zum Drehen? Hängt er auf einer Yacht in Frankreich ab? Oder turtelt er mit seiner Neuen in einer schnieken Bar in Beverly Hills? Moe, 30 und mit indischen Wurzeln, muss in diesem Falle passen. Und gibt auch dieses zu bedenken: Alle gezeigten Häuser hätten besagte Promis wirklich mal gekauft, sowas ist leicht zu recherchieren in L.A. Ob sie die Hütten aber noch besäßen oder sich auf Zweit- und Drittanwesen in Mallorca oder Montana zurückgezogen hätten – wer soll das wissen? Moe jedenfalls nicht.

Das stört uns nicht, wir wollen träumen dürfen. Und hej, der Typ da vorne auf der Straße, ist das nicht Al Pacino? Oder ist es Cher? Verdammt, Sonnenbrillen, Jogginghosen und Basecaps sollten verboten sein im Promi-Zoo.

Moes Van schraubt sich höher in die Hills, Halten und Gaffen geht hier nicht, große Busse sind verboten. Die sind zu laut, verkeilen sich in schmalen Serpentinen und machen Cage & Co. nur sauer. Zu viel *attention* ist selbst amerikanischen Stars *too much*. Dann drohen sie mit Klagen, schreien nach *„privacy"*. Zwischen 800 000 und 20 Millionen Dollar kosten die Häuser hier, erzählt uns Moe, die Versicherungen seien entsprechend und die Klientel – fast komplett Filmbranche. Aber nicht nur der Walk of Fame, auch Drehbuchschreiber, Maskenbildnerinnen, Kameramänner leben in Hollywood.

Aber wegen denen kommt natürlich keiner. Wegen Ben Stiller schon. Nette Datscha, die er da hat, mediterran irgendwie. Schwere, dunkle Holztüren, Intarsien. Palisadenholz? Zu früh gefreut: Da ist erstmal die Mauer ringsherum – wichtigstes Verschanzungs-Accessoire im Epizentrum der Berühmtheit. Büsche und Überwachungskameras genauso. Halle Berry hat die meisten. Gleich bündelweise hängen sie über ihrem Eingang, 1368 Doheny Place. Allerdings: Die meisten Mülltonnen hat „Catwoman" auch. Wozu braucht sie so viele Mülltonnen, was ist da wohl drin?

Bevor wir der Sache auf den Grund gehen können, fahren wir weiter. Im Bus hat jemand eine andere Frage: Wo denn in diesem engen Straßendschungel die Gäste ihre Autos parken würden, denn Parties würden sicher etliche gefeiert. Moe meint: vor der Tür, wo sonst. So wie der violette Chevi vis-à-vis von Courteney Cox. Einen rasanten alten Schlitten sehen wir, auf dessen Vordersitz sich Fresstüten zusammenwurschteln. Ist Courteney vielleicht etwas schlampig? Oder hatte sie den Wagen einem Nachbarn ausgeliehen? Tobey Maguire? Kein Wunder: Von „Spiderman" hört man, dass er privat ein Sonderling sein soll.

Dann wird es *hot,* wir entern den Oriole Way. Doch was ist das? Keine Mädchentrauben, keine Hysterie-Attacken. Obwohl hier Leo wohnt, Herzensbrecher und Titanic-Held. Nur Stars und Stripes baumeln an seiner Gartentür, der Mann ist Anhänger der Demokraten, ein Geheimnis hat er nie daraus gemacht. Sein Heim – eher Stasibunker als Staranwesen – protzt in Beton. Das ist nun Lifestyle à la Hollywood? Johnny Weissmüllers Hütte reißt es wieder raus. Ein Pool, fast eine Meile lang, schlängelt sich durch den Garten, düster verschattet durch Bananenbäume. Hier drehte Tarzan seine morgendlichen Runden, wer heute dort herumplanscht, weiß Moe nicht. Aber wo Reagan starb, kann er uns zeigen: 668, Saint Cloud Road in Bel Air. Oder Belushi, John, 1982 im Chateau Marmont. Ein Hotel, ein Promi-Platz, direkt am Sunset Boulevard. Alle steigen hier mal ab, sie treffen Freunde, Agenten, schließen Deals ab. Belushi nahm hier eine Überdosis Koks und Heroin.

Unsere zwei Stunden sind eine Reise durch das „Who is Who" des Entertainments. Wir sehen Villen, Mansions und Chalets, der Stilmix ist abenteuerlich und reicht von British Castle bis Spanish Finca.

Nur Promis sehen wir leider nicht. Keinen Keanu Reaves, keine Christina Ricci, nicht mal den Hasselhoff. Bleibt mir zu Hause wieder nur die Berlinale und der Rand des Roten Teppichs. Oder eine dieser Star Maps, die Moe später verkauft – fürs *stargazing* auf eigene Faust. Haarklein ist da alles eingezeichnet: Adressen, Kneipen, Infla-

Objekt der Begierde: Ben Stiller bei einer Filmpremiere in Hollywood

Millionenobjekt: Brad Pitts neu renovierte Villa in den Hollywood Hills

granti-Spots. Wo Wynona Ryder beim Klauen und Hugh Grant mit eindeutiger Dame in seinem BMW erwischt wurde. Auch Filmsets kann man gucken – wenn man will. Ich begnüge mich fürs erste mit den Toten, die können sich nicht mehr verstecken. Marilyn zum Beispiel. Ihr Grab auf dem Westwood Memorial Park Cemetry ist übersät mit Lippenstiftküssen. Einer von mir kommt noch dazu. □

Judka Strittmatter *lebt als freie Autorin in Berlin. Für dieses MERIAN-Heft schrieb sie auch die Geschichte über Ghosttowns.*

MERIAN | TIPP

Hollywood-Touren
Neben organisierten Fahrten (hier eine Auswahl) ist es auch lohnenswert, auf eigene Faust loszuziehen. Karten, auf denen die Häuser der Stars eingezeichnet sind, gibt es in Hotels oder Bookshops.

Starstours Tel. (888) 728-18 05
www.starstours.com

All Los Angeles Tours Tel. (702) 233-16 27
www.allosangelestours.com

Starline Tours Tel. (323) 463-33 33
www.starlinetours.com

Dan's Hollywood Tours Tel. 81 82 61 35 28
www.danshollywoodtours.com

Wahrzeichen: Der Hollywood-Schriftzug gehört zu den bekanntesten der Welt. Seit 1923 prangen die 15 Meter hohen Buchstaben am Mount Lee – damals eine Werbeidee von Maklern, um den Verkauf von Häusern anzukurbeln

Wallfahrtsort: Marilyn Monroes Grab

Text: Andreas Renner

Das Stakkato gewaltiger Felswände, die biblische Ewigkeit der Wüste, die größten und ältesten Baumriesen der Welt: Nach Superlativen muss man nicht lange suchen, um die Schönheit der acht großen kalifornischen Nationalparks zu beschreiben

IN DEN FREIGEHEGEN

Sanddünen im Tal des Todes. Doch der Death Valley National Park bietet mehr als Wüste: Gebirge, bewaldete Hochebenen, und Canyons sind Lebensraum vieler seltener Tiere und Pflanzen

Foto: Craig Aurness
DER UR-NATUR
DEATH
VALLEY
NATIONAL
PARK

Der Joshua Tree gab dem Nationalpark seinen Namen. Eigentlich ist der Baum ein Liliengewächs. Die Joshua Trees werden bis zwölf Meter hoch. Blätter, Blüten und die Spiele des Lichts verwandeln die Mojave-Wüste in ein leuchtendes Farbenmeer

JOSHUA TREE NATIONAL PARK

Anacapa Island ist eine von acht zum Nationalpark gehörenden Inseln vor der südkalifornischen Küste. Neben Seehunden, Seelöwen und vielen Vogelarten werden hier in den Wintermonaten auch vorbeiziehende Wale beobachtet

Foto: Jörg Modrow

„El Capitan" wird die beeindruckende Felswand in Yosemite-Nationalpark genannt. Der steil aufragende Fels ist der größte frei stehende Granitblock der Welt und Herausforderung für die Elite der Felskletterer

Mammutbäume, die über 2000 Jahre alt und gut 80 Meter hoch sind, gehören zu den einzigartigen Sehenswürdigkeiten von Sequoia. Im angrenzenden Kings Canyon Park sind der wilde Kings River, tiefe Schluchten und brausende Wasserfälle die Hauptattraktionen

LASSEN VOLCANIC NATIONAL PARK

Dampfende heiße Quellen, blubbernde Vulkane und weite Felder erstarrter Lava prägen das Landschaftsbild im Lassen Volcanic Park

POINT REYES NATIONAL SEASHORE

An der Meeresküste nördlich von San Francisco ragt die Halbinsel Point Reyes in den Pazifik hinaus. In der Drakes Bay soll 1579 der englische Weltumsegler Francis Drake gelandet sein

Von Nord nach Süd reihen sich die Nationalparks Kaliforniens aneinander wie Perlen einer Kette. Und Perlen sind die „Big Eight“ allemal

DIE GROSSEN ACHT AUF EINEN BLICK

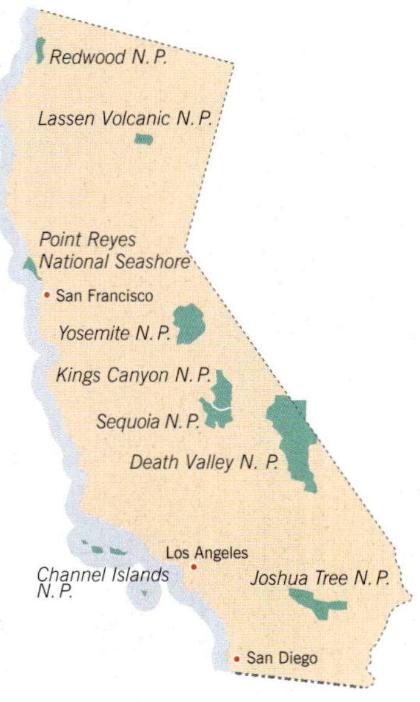

REDWOOD NAT. PARK (mit State Parks)

Hauptattraktion sind die bis 112 Meter hohen Redwoodbäume, die nur im kalifornischen Klima bestehen können. Die ältesten im Redwood Park zu bewundernden Riesen sind um die 2000 Jahre alt, ihr Durchmesser beträgt bis zu sieben Meter. Die Flüsse Smith River, Klamath River und Redwood Creek sind für Wassersportler wie Angler, Kajak- und Kanufahrer ein fantastisches Revier. Wanderer finden rund 320 Kilometer begehbare Wege. Vier Campgrounds im National Park verfügen insgesamt über 350 Standplätze, die drei zum Nationalpark gehörenden State Parks verfügen über je einen Campground (136 Plätze). Am Gold Bluffs Beach können auch Urlauber mit Wohnmobilen direkt am Wasser campen. Geschäfte, Übernachtungsmöglichkeiten und Restaurants gibt es in den Orten Crescent City, Klamath und Orick.

Anreise: Das Hauptquartier des Parks in Crescent City ist ganzjährig geöffnet. Weitere Informationszentren befinden sich in der Hiouchi Area, am Prärie Campground und in Orick. Der Highway 101 führt mitten durch den Park.

Eintritt: Der Besuch des Nationalparks ist kostenlos, allerdings kassieren einzelne State Parks pro Tag bis zu 5 $ pro Person. Informationen über den Redwood National Park gibt es beim Visitor Center unter Tel. (707) 464 61 01.

Websites: www.nps.gov/redw
www.redwood.national-park.com

LASSEN VOLCANIC NATIONAL PARK

Der Tipp für die großen Naturliebhaber, denn wegen seiner Abgeschiedenheit verirren sich meist nur wenige Touristen in das Städtchen Mineral im Norden Kaliforniens, um von dort den Park zu erkunden. Lassen Volcanic ist ganzjährig geöffnet, einige Straßen sind allerdings im Winter nach dem ersten Schneefall geschlossen. Wahrzeichen des Parks ist der knapp 3200 Meter hohe Vulkankegel Lassen Peak. An den östlich gelegenen Seen Butte Lake und Juniper Lake kommen Angler, Kajakfahrer und Schwimmer auf ihre Kosten. Wanderer haben die Qual der Wahl, sich aus mehr als 200 Kilometern Wanderwegen passende Routen auszuwählen. Auch Kletterer und Camper finden fast überall im Park reizvolle Ziele.

Anreise: Mit dem Flugzeug nach Redding, Chico oder Reno. Mit dem Auto über die Route 36, die nächste Stadt zum Park ist Mineral (rund 12 km entfernt). Autovermietungen befinden sich in Redding, Reno, Susanville, Red Bluff und Chico.

Eintritt: 10 $ pro Fahrzeug und Woche. Wanderer, Motorradfahrer und Fahrradfahrer zahlen 5 $. Wer mehrere Parks besuchen möchte, ist mit dem Nationalpark-Pass für 50 $ gut bedient. Er ist ein Jahr lang gültig. Visitor Center Tel. (530) 595 44 44

Websites: www.nps.gov/lavo
www.lassen.volcanic.national-park.com

POINT REYES NATIONAL SEASHORE

Der Park liegt auf einer Halbinsel an der rauen Nordküste Kaliforniens 35 km nördlich von San Francisco. Rund 130 km unberührte Küste mit Sandstränden, weite Sumpflandschaften dienen als Nistgebiet für mehr als 300 Vogelarten. An der Küste Stationen zur Beobachtung von Robben und Grauwalen. Vor allem im Süden gibt es sehr schöne Wanderpfade, auf denen man oftmals stundenlang keine Menschenseele antrifft. Besonders beeindruckend ist der Coast Trail oberhalb des Wildcat Beach. Ideal für Familien mit Sinn für ungeschminkte Naturschönheit.

Anreise: Der Zugang zum Park ist möglich über die kleinen Orte Bolinas, Olema und Inverness.

Eintritt: Keine Gebühr. Informationen am Bear Valley Visitor Center Tel. (415) 464 51 00

Websites: www.nps.gov/pore
www.pointreyes.net

YOSEMITE NATIONAL PARK

Einer der schönsten, aber auch einer der meist besuchten Parks in den Vereinigten Staaten von Amerika. Annähernd vier Millionen Besucher auch aus dem Ausland strömen jährlich besonders während der Sommermonate in das rund 3000 Quadratkilometer große Gebiet östlich von San Francisco inmitten der Sierra Nevada. Vor allem Kletterer, Wanderer, Mountainbiker und Angler finden hier ideale Voraussetzungen. An den monumentalen Steilhängen der beiden Bergriesen Half Dome (2695 m) und El Capitan (2307 m) sieht man im Sommer Kletterer zuhauf. Der Park verfügt über 1280 Kilometer Wanderwege, der beliebteste Pfad ist der Mist Trail, der am Happy Isles startet und am Merced River entlangführt, vorbei an den Wasserfällen Vernal Fall und Nevada Fall. Den schönsten Blick über das Tal hat man vom Glacier Point aus.

Anreise: Es gibt vier Parkeingänge. Im Süden von der CA 41 aus, von Westen über die CA 140 und CA 120 und von Osten ebenfalls über die CA 120 über den Tioga Pass (im Winter geschl.).

Eintritt: 20 $ pro Fahrzeug pro Woche. Informationen und Auskunft über Campingmöglichkeiten erteilt das Visitor Center, Tel. (209) 372 02 00

Websites: www.nps.gov/yose
www.yosemite.national-park.com

KINGS CANYON UND SEQUOIA NATIONAL PARK

Zwei Nationalparks mit einer Gesamtfläche von knapp 3500 Quadratkilometern. Das östliche Binnenland Kaliforniens in der südlichen Sierra Nevada ist die Heimat der Riesenmammutbäume (Sequoias). Vier der fünf größten Bäume der Welt überhaupt sind hier zu bewundern. Der mächtigste von allen wird „General Sherman" genannt und hat bislang die stolze Höhe von 85 Metern und einen Umfang von 31 Metern erreicht. Sein Alter wird von Fachleuten auf mehr als 3000 Jahre geschätzt. Ein Fußmarsch von etwa 30 Minuten ist notwendig, um den „General" besichtigen zu können. Rund 1400 Kilometer Wanderwege schlängeln sich durch die dicht bewachsenen Wälder und durch die teils hochgebirgigen Felsregionen. Sehenswert sind der Ausblick vom Moro Rock, die tiefen Schluchten des Kings River Canyon und die zahlreichen Höhlen.

Anreise: Die besten Zufahrten führen über die CA 180 bei Cedar Grove oder Wilsonia, die CA 245 bei Pinehurst oder die CA 198 im Süden. Am General Highway entlang finden sich die meisten Attraktionen. Achtung: Es gibt keine Tankstellen im Park.

Eintritt: Der Park ist ganzjährig geöffnet, berechnet werden 10 $ pro Fahrzeug. Informationen: Lodgepole Visitors Center, Tel. (559) 565 33 41.

Websites: www.nps.gov/seki/raelakes.htm
www.nps.gov/seki/hst.htm
www.kings.canyon.national-park.com/

DEATH VALLEY NATIONAL PARK

Das Wüstengebiet an der Grenze zu Nevada ist alles andere als tot. Mehr als 1000 teils sehr seltene Pflanzenarten trotzen den extremen Wetterbedingungen. Im Hochsommer erreichen die Temperaturen bisweilen 50 Grad Celsius, ausreichende Wasservorräte und Kopfbedeckungen sind dringend anzuraten.
Die besten Besuchszeiten sind im Morgengrauen oder zum Sonnenuntergang. Doch Vorsicht: Viele Leihwagenfirmen untersagen die Durchfahrt des Death Valley im Sommer. Die schönsten Anlaufstellen im Death Valley sind der Zabriskie Point, von dessen eigenwilligen Felsformationen man vor allem bei Sonnenaufgang einen gigantischen Ausblick genießt. Im Devil's Golf Course glitzern Salzkristalle, und vom Dante's View kann man den tiefsten Punkt der Landfläche in der westlichen Hemisphäre sehen, der 86 Meter unter dem Meeresspiegel liegt.

Anreise: Es wird empfohlen, vor einer Fahrt ins Death Valley das Visitor Center am Furnace Creek aufzusuchen oder eine der Ranger Stationen. Allgemeine Informationen unter Tel. (760) 786 23 31

Eintritt: 10 $ Gebühr pro Fahrzeug.

Websites: www.nps.gov/deva
www.death.valley.national-park.com/

CHANNEL ISLANDS NATIONAL PARK

Der Park umfasst fünf der acht Inseln vor der kalifornischen Küste: Santa Rosa, Santa Cruz, San Miguel, Santa Barbara und Anacapa. Mit Ausflugsbooten ab Santa Barbara, Oxnard und Ventura kann man die Inseln – die beliebtesten sind Anacapa und Santa Barbara – ganzjährig besuchen. Nicht selten wird man bei der Ankunft von Delfinen begrüßt.
Die Inseln bieten ideale Brutbedingungen für Kormorane, Pelikane und andere Vogelarten. An den Stränden lassen sich gern weitere Seevögel und Robben nieder. Wer Glück hat, kann in den Wintermonaten vom Boot aus Grauwale vorbeiziehen sehen. Auf allen Inseln gibt es anspruchsvolle Wanderwege und Campingplätze mit einfachem Standard (viele sind kostenlos.)

Anreise: Die Bootsüberfahrten zu den Inseln dauern zwischen 1,5 und ca. 3,5 Stunden, die Passage kostet je nach Ziel zwischen 24 $ und 62 $. Reservierung wird empfohlen. Auskunft gibt das Visitor Center in Ventura, Tel. (805) 658 57 00.

Eintritt: keine Gebühren

Websites: www.nps.gov/chis
www.channel.islands.national-park.com, www.islandpackers.com

JOSHUA TREE NATIONAL PARK

Im Park treffen zwei Wüsten aufeinander: Vom Osten her erstreckt sich die Colorado-Wüste mit Palmen, Kakteen und kakteenartigen Büschen. Die höher gelegene Mojave-Wüste im Nordwesten produziert ein feuchteres und kälteres Klima, das unter anderem auch die Joshua Trees bevorzugen. Der „J-Park" ist wegen seiner Granitfelsen ein Dorado für Kletterer. Wanderer hingegen haben sich Trails im Hidden Valley und am Barker Dam als bevorzugte Ausflugsziele auserkoren. Übernachtungsmöglichkeiten gibt es auf den einfachen Campingplätzen.

Anreise: Zufahrten zum Park bestehen von Joshua Tree Village im Norden, Twentynine Palms im Osten und Cottonwood Spring im Süden. Der Nationalpark ist ganzjährig geöffnet.

Eintritt: 10 $ pro Fahrzeug für maximal sieben Tage. 5 $ für Fußgänger, Radfahrer oder Motorradfahrer.

Websites: www.nps.gov/jotr/index.htm
www.joshua.tree.national-park.com □

Rund zwei Meter beträgt der Durchmesser dieses gefällten Redwood-Riesen. Die Schnittfläche der Baumscheibe wurde geschliffen und poliert, die dunkelrote Farbe des Holzes ist deshalb besonders gut zu erkennen

M RA 5335

Anzeige
Das große, elegante Coupé – die besondere Art zu reisen.
MYTHOS GRAN TURISMO

Sportliches Reisecoupé: Der BMW 645Ci ist der luxuriöse Gran Turismo für Genießer.

M RA 5335

Reisen statt rasen: Rom, Paris, Madrid – nichts ist schöner, als im Gran Turismo in ein elegantes Grandhotel, eine fremde Stadt, ein anderes Land zu fahren.

Der Traum von der großen Reise in sonnige Landschaften: Im sportlichen Gran Turismo wird die Fortbewegung zum Genuss. Mit dem eleganten 645Ci setzt BMW eine lange Tradition fort.

Vielleicht war das Wetter schuld, der Nebel, der im Oktober über die Felder kroch und die Schlösser einwickelte. Vielleicht waren es die Handelsreisenden, die Architekten und Künstler, welche die feuchten Landstriche des britischen Königreichs für ein paar Jahre verlassen hatten und bei ihrer Rückkehr von sonnigen Gestaden, von Statuen, von gutem Essen und sehr schönen Frauen und Männern erzählten. Vielleicht war es all das, was die jungen Gentlemen auf die Idee brachte, es wäre vielleicht nicht schlecht, ein paar Jahre durch Europa zu reisen, bevor man sich aufs Schloss in den Highlands oder ins Kontor an der Themse zurückzog. So entstand die legendäre „Grand Tour", die oft mehrere Jahre dauernde Reise junger bildungs- und lebenshungriger Briten, die über die großen Kulturstätten von Paris nach Neapel und Rom und manchmal auch bis nach Athen führen konnte – und am Ende hatte man nicht nur die wichtigsten Orte der Welt gesehen; man hatte sich auch selbst gefunden.

Mit der Grand Tour entstand ein Mythos, der heute, da man die Kultur der noblen Reise wieder entdeckt, seine Vollendung erfährt: der „Gran Turismo". Mit den sportlichen Reisewagen von heute, einem BMW 645Ci beispielsweise, hatten die Gran Turismo der ersten Stunde nicht viel gemeinsam. Es waren leichte, schnelle, komfortable, zuverlässige Kutschen mit Platz für großes Gepäck. Sie waren leichter als die repräsentativen, schweren Wagen, mit denen man daheim bei den alten Tanten zum Fünfuhrtee vorfuhr. Der Gran Turismo war der erste wirkliche Reisewagen der Geschichte. Mit diesen schnellen Kutschen fuhr die britische Oberschicht durch Frankreich – ein Land, dem die Kultur der Reisekutsche sehr viel zu verdanken hatte.

Das Abenteuer zu zweit, die Sehnsucht nach der Ferne, die Freude über Geschwindigkeit und Perfektion: Das ist der Traum vom sportlichen GT. Als die Motorkutsche so weit ausgereift war, dass sie nicht vor jedem Hügel stehen blieb, machten sich die Abenteurer im Automobil auf die Reise, und ob Thomas Mann oder Pablo Picasso – alle schätzten den Komfort des schnellen GT. Und lenkten selbst, anders als die vornehmen Herrschaften, die weder Zügel noch Lenkrad anfassen wollten.

Die Blütezeit des GT begann in den dreißiger Jahren. 1938 brachte BMW den 328 Coupé heraus. Der Sechszylinder wurde zum Vorfahren einer langen Reihe kraftvoller, sportlicher Automobile. In den fünfziger Jahren folgten 501 und 503 Coupé, in den Sechzigern 3200 CS. Die Autobahnen waren gut ausgebaut, die Motoren in der Lage, Dauergas und hohes Tempo schadfrei zu überstehen, die Fahrwerke so komfortabel, dass man die Strecke von München nach

Es ist die alte Sehnsucht nach der großen Reise, nach den Entdeckungen am Ende der Straße, die den Fahrer des Gran Turismo treibt.

Gelassen und stilsicher: Genug Platz für Passagiere und Gepäck – nichts bringt einen aus der Ruhe im luxuriösen Coupé.

Neapel anstrengungsfrei in einem Tag bewältigen konnte – vorausgesetzt, man hatte den richtigen Wagen. Einen 1968er BMW 2800 CS zum Beispiel, einen der schönsten aller modernen GT. Die Exklusivität und Eleganz, die wunderbar stringente Linienführung, die perfekt ausgewogenen Proportionen machten das sportliche Coupé zu einem modernen Kunstwerk im Geist jener klassischen Statuen, welche die Urahnen des GT-Kults, die britischen Bildungsreisenden des 18. Jahrhunderts, auf ihren Reisen bewundert hatten.

Der 2800 CS und seine Nachfolger (darunter 3.0 CSL, 630CS und 635CSi sowie die 8er-Baureihe) verkörpern eine Lebenshaltung: absolute Souveränität. Obwohl das Motto eher Reisen als Rasen war, beschleunigte schon der 2800 CS, wenn es darauf ankam, schneller als die härtesten deutschen Sportwagen auf 100 Stundenkilometer. Dennoch war er so bequem wie eine Limousine.

Der Gran Turismo hat genug Platz für das Gepäck von zwei Personen, die drei Wochen lang an Stränden spazieren gehen, in Grandhotels dinieren und in eleganten Städten auf Entdeckungstour gehen wollen. Nichts ist schöner, als mit einem 6er Coupé am frühen Morgen aufzubrechen, in Paris zu Abend zu essen, zwei Tage später am Mittelmeer über die Bucht von Antibes zu schauen, 24 Stunden später in den Uffizien zu stehen und wenig später einen Wein im römischen Trastevere-Viertel zu trinken. Mit einem GT lassen sich solche Touren machen.

Extrem geduckte Sportwagen sind spektakulär, aber sie haben auch eine gewisse Melancholie. Man ahnt, wie man sich fühlt, wenn man zehn Stunden in so einem engen Rennvehikel sitzen müsste. Und das Gepäck? Der schöne vertraute Reisekoffer? Die Kleider für den Abend auf der Terrasse an der Bucht? Passt alles nicht in einen engen Sportwagen. Aber in einen GT. Der Gran Turismo bewegt sich unaufdringlich, perfekt in der Form, völlig unangestrengt durch den Verkehr. Anders als der brüllende Rennsportwagen, der immer ein wenig nach rotem Kopf und überhitztem Charakter klingt. Gran Turismo zu fahren ist vollendet nonchalant. Es ist die lässigste Art automobiler Fortbewegung, so gelassen und stilsicher wie Frank Sinatra, wenn er beim Singen durch die Partitur schlendert, so unangestrengt perfekt wie ein Gebäude von Mies van der Rohe. Nichts bringt einen aus der Ruhe im GT. Wenn der „Gentleman" ein Äquivalent auf vier Rädern hat, dann ist es der Gran Turismo.

Der sportliche BMW 645Ci steht für eine besondere Art zu reisen. Die Zeiten des billigen Massentourismus sind vorbei. Qualität ist wieder gefragt: Erlesener Genuss statt besinnungslosem Konsum ist auch bei der Kunst des Reisens die oberste Devise. Das passende Fortbewegungsmittel ist der GT: Ihn fährt man so bewusst, wie man einen sehr guten Pomerol genießt. Er aktiviert alle Sinne: Das Leder duftet, der Motor summt, hinter der Windschutzscheibe fällt das Licht in die abendliche Landschaft. Im Stand ist der Wagen das Versprechen des

M RA 5335

Der Gran Turismo aktiviert alle Sinne: Der Motor summt, das Leder duftet, das Licht fällt auf eine abendliche Landschaft.

Wenn der klassische Gentleman ein Äquivalent auf vier Rädern hat, dann ist es der Gran Turismo.

Info	**6er Coupé**	
	645Ci	**630i**
Motor:	4,4-Liter-Achtzylinder	3,0-Liter-Sechszylinder
Hubraum:	4398 cm^3	2996 cm^3
Leistung:	245 kW (333 PS)	190 kW (258 PS)
Drehmoment:	450 Nm (3600 U/min)	300 Nm (2500–4000 U/min)
Beschleunigung		
0 auf 100 km/h:	5,6 s	6,5 s
80 auf 120 km/h:	5,1 s (4. Gang)	6,5 s (4. Gang)
Vmax:	250 km/h	250 km/h
Verbrauch EU/100 km		
Städtisch:	17,2 l	13,1 l
Außerstädtisch:	8,6 l	6,7 l
Gesamt:	11,7 l	9,0 l
CO_2-Emission:	283 g/km (kombiniert)	216 g/km (kombiniert)

Als Basis für die Verbrauchsermittlung gilt der ECE-Fahrzyklus. Dieser setzt sich aus ca. einem Drittel Stadtfahrt und zwei Drittel Überlandfahrt (gemessen an der Wegstrecke) zusammen.

großen Aufbruchs, in der Ferne ist er ein Stück Heimat. Nichts ist schöner, als zu zweit mit einem Gran Turismo in ein schickes Grandhotel, eine fremde Stadt, ein anderes Land zu fahren; dafür war der GT schon immer gemacht.

Wie sieht die Zukunft des Gran Turismo aus? Zum Beispiel so wie das neue sportliche 6er Coupé, in dessen Gestaltung sich Geschichte, Gegenwart und Zukunft automobiler Reisekultur verbinden: In seinem Design erkennt man die Spuren der großen, mythischen GT der Sechziger, die klassische, wie zum Sprung bereite Seitenlinie zum Beispiel – andererseits ist das Design so abenteuerlich frisch wie der Geist, der hinter der Idee der Grand Tour steht: Schließlich ging es beim Gran Turismo schon immer darum, etwas Neues und Unbekanntes, fremde Schönheit zu entdecken. Das Reisen wird sich ändern – und die Fortbewegungsmittel dazu auch. Nachdem wir jahrzehntelang wie in Sardinenschachteln Tausende von Kilometern auf irgendwelche Inseln geflogen wurden, auf denen Hotelkästen standen, mittelmäßiges Essen serviert und schlechte Musik gespielt wurde; nachdem man also zwei Stunden an einen Ort flog, an dem es so aussah, als hätte man daheim ein paar Palmen aufgestellt, möchte man wieder das machen, worum es beim Reisen ging: am Wegesrand spontan abbiegen, eine kleine Passstraße emporfahren, in einem Bergdorf übernachten, abseits der Autobahnen über Land fahren und die Eigenarten und Schätze jener Gegenden kennen lernen, die man aus dem Flugzeug nur als ferne, bunte Landkarte erlebte. Gesucht wird wieder Qualität, die sinnliche Erfahrung, ein exklusives Erlebnis. Man wird in Zukunft wieder bewusster reisen. Man möchte den Weg zu seinem Urlaubsort wieder „erfahren" im doppelten Sinn des Wortes – und das bedeutet nichts weniger als die Renaissance des sportlichen Gran Turismo.

Wer sich in einen Gran Turismo setzt, möchte in die Ferne aufbrechen; Motorklang und die bequemen Sitze verlangen geradezu nach der großen Tour. Es ist die alte Sehnsucht nach der großen Reise, nach den Entdeckungen am Ende der Straße, die den Fahrer des Gran Turismo treibt. Er entdeckt eine Kultur des Reisens wieder, die vom Massentourismus lange verschüttet worden war: Die Zukunft des Reisens ist die klassische Grand Tour, die immer auch eine exklusive Reise in die eigenen Träume war – und das Vehikel dieser Träume ist der sportliche moderne GT.

www.bmw.com/6er

DER ARTIKEL ERSCHIEN ZUERST IM BMW MAGAZIN; GRAFIK-DESIGN: DIRK LINKE

... UND SO FÄHRT SICH DAS 6ER COUPÉ

Der japanische Journalist Yoshihiro Kimura über das neue Luxus-Sportcoupé von BMW.

In meiner Muttersprache kann man das Dynamische mit dem Wort Yuuga beschreiben. Der Begriff steht für „elegant“, „anmutig“, auch „graziös“. Yuuga ist nicht schiere Kraft, sondern beschreibt, wie aus Kraft elegante und geschmeidige Präzision und wirkungsvolle Präsenz wird. Genau so wirkt der neue 6er mit seiner Linienführung. Ein Gran Turismo, der Temperament und Vitalität ausstrahlt. Der 645Ci ist zu vergleichen mit einem Sportsmann, der einen perfekt geschnittenen Maßanzug über einem mit Muskeln bepackten Körper trägt und trotzdem elegant und leichtfüßig daherkommt.

Das Coupé braucht kurze 5,6 Sekunden für den Antritt von 0 auf 100 Stundenkilometer und stürmt zügig auf die Höchstgeschwindigkeit zu, die elektronisch auf 250 km/h limitiert ist. Das liest sich schon auf dem Papier eindrucksvoll, wird aber hinter dem Steuer zum Erlebnis. Dabei imponiert nicht nur die Beschleunigung, sondern vor allem die spontane Agilität, mit der der 6er aus fast jeder Geschwindigkeit und Drehzahl turbinengleich beschleunigt, als verfüge er über keine Leistungsgrenze.

Der Testwagen, den ich gefahren habe, war mit dem als Option erhältlichen Sequenziell Manuellen Getriebe (SMG) ausgestattet. Wenn man die manuelle Einstellung wählt und vorsichtig die Schaltwippe am Lenkrad bedient, setzt sich das 1,6-Tonnen-Coupé sanft und ohne Rucken in Bewegung, als würde man eine leichte Böschung hinabrollen. Ein Tritt auf das Gaspedal lässt jedoch Tacho- und Drehzahlmessernadel so vehement anspringen, als müssten sie um die Wette laufen. Nähert sich die Nadel des Drehzahlmessers dem roten Bereich, tippt man mit einem Finger der rechten Hand auf die Schaltwippe hinter dem Lenkrad, und das Getriebe wechselt leichtgängig in die nächsthöhere Stufe.

Gleich ob man die Kräfte des 645Ci herausfordert oder die luxuriöse Fahrt genießt: Die Kontrolle über den Gran Turismo ist einfach. Im Blickfeld des Fahrers sind Tacho und Drehzahlmesser, rechts davon, in der Mitte des Armaturenbretts, befindet sich unter einer eigenen Abdeckung der Monitor für iDrive und für das Navigationssystem. Das Display wurde im 6er höher gestellt und um sechs Grad zum Fahrer geneigt, damit man es auch während der Fahrt im Blickfeld hat und nicht abgelenkt wird. Per Head-Up Display lassen sich alle wichtigen Daten an die Windschutzscheibe projizieren. Um Geschwindigkeit, Navigation, die Entfernung zum vorderen Fahrzeug und andere wichtige Informationen zu kontrollieren, muss man nicht einmal den Kopf zur Seite drehen. Im 6er hat man alles, was man wissen will, immer im Blick. In die neue iDrive-Bedienung hat man sich schnell „eingefühlt“, um all die schönen Komfort-Features des luxuriösen Coupés wie Klimasteuerung, CD-Wechsel und Hi-Fi-Radioempfang zu genießen. In diesem Cockpit fühlt sich der Fahrer auf Anhieb wohl.

Die Lenkung des BMW 645Ci bleibt von den mächtigen Antriebskräften des Achtzylinders unbehelligt, denn all die vielen Newtonmeter fließen allein zur Hinterachse. Dadurch war es möglich, die Lenkung agil, präzise und sehr gefühlvoll auszulegen. Der Wagen läuft mit einer Genauigkeit geradeaus, als würde man in einer Spur fahren. Schnelle Fahrbahnwechsel auf der Autobahn werden zu lässig gehandhabter Präzision. Und immer hat man ein sehr konkretes Gefühl dafür, wie die Reifen greifen und wann ihr Grenzbereich beginnen könnte.

Die von der Geschwindigkeit abhängige Lenkunterstützung Servotronic macht die Lenkung im Stadtverkehr und beim Einparken leichtgängig, setzt aber die Lenkkraft hoch, wenn auf freien Straßen schnell gefahren wird. Die optionale Aktivlenkung lässt einen das Autofahren neu erleben: handlich in der Stadt und mit nicht einmal zwei Lenkradumdrehungen in die Parklücke, gelassener Geradeauslauf bei hoher Geschwindigkeit auf der Autobahn und eine traumhaft präzise Lenkunterstützung beim Wedeln durch enge Kurvenfolgen.

Die Dynamik des neuen BMW 6er wird ergänzt durch High-Tech-Funktionen, die die Fahrt zu einem Erlebnis machen. Mit Dynamic Drive wird der bewährte Stabilisator zu einer aktiven Konstruktion. Wanken und Aufschaukeln der Karosserie gehören der Vergangenheit an. Frischluftfreunde wird das optionale Panorama-Glasdach begeistern. Der Innenraum wird von Licht durchflutet, aber mit dem elektrisch verschiebbaren Himmel lässt sich der Lichteintritt regulieren. ☐

Norton Simon mit Rembrandts „Titus“. Der Sammler ersteigerte das Bild für die Rekordsumme von 2,2 Millionen Dollar

Das Vermächtnis des Bulldozers

Als Unternehmer walzte er rücksichtslos alles nieder. In der Kunst aber lebte Multimillionär Norton Simon seine feinfühlige Seite aus. Die einzigartige Sammlung des unersättlichen Jägers befindet sich in dem nach ihm benannten Museum in Pasadena

Text: Christian Schaernack

Prima, Ballerina! Die Plastik von Edgar Degas gehört zu den schönsten und wertvollsten Stücken im Norton Simon Museum

Der Kulturschock kommt in Los Angeles so sicher wie der nächste Stau – spätestens eine Autostunde ostwärts vom weltbekannten Getty Center, am Ventura Freeway von Pasadena. Denn anders als J. Paul Gettys entrückte Kunst-Akropolis auf den manikürten Hängen Brentwoods liegt das Norton Simon Museum mitten im wimmeligen Stadtbrei von Greater L. A. Den Abgas-Sud der Rushhour noch am Revers, findet sich der Besucher hier ganz unversehens vor Monets Blumengarten oder an spätbarocken Himmelspforten: Eben noch Volltanken bei Texaco – jetzt Kontemplation mit Tiepolo.

Eher unscheinbar von außen, zählt das nach dem Kunstsammler Norton Simon (1907 – 1993) benannte Museum im gutbürgerlichen Pasadena zu den bestgehüteten Geheimtipps in der kalifornischen Kulturlandschaft. Und einmal drinnen, entpuppt sich die Adresse am Colorado Boulevard als eine wahre Schatzkammer. Denn was sich da im Dimmlicht der zwanzig intimen Ausstellungsräume auf insgesamt 3500 Quadratmetern Fläche sowie im angrenzenden Skulpturengarten präsentiert, kommt einer Tour de force durch acht Jahrhunderte Kunstgeschichte gleich – immer erster Klasse versteht sich.

Das Getty Center ist zwar größer, hat mehr Geld und fast zehnmal so viele Besucher; die bessere Gemäldesammlung hängt derweil in Pasadena: von Raffael und Botticelli bis hin zu Giacometti, von Rembrandts Porträt seines Sohnes Titus über Henri de Toulouse-Lautrec bis zum Kubismus, vom florentinischen Altarbild bis zur „Barbaren-Venus“ von Paul Klee. Hochkaräter an jeder Wand. Ein Akt von Jean-Antoine Watteau, ganze 14 x 17 Zentimeter klein, genauso wie Jacopo Bassanos monumentale „Flucht nach Ägypten“ von 1544/45. Exquisites von Rubens hängt vis-à-vis von Nicolas Poussin, während im abgedunkelten Kabinett nebenan mit Francisco de Zurbaráns „Stilleben mit Limonen, Orangen und einer Rose“ eine Ikone der Malerei des 17. Jahrhunderts zu bestaunen ist. Und über allem wacht, mit spitzem Mund und zugekniffenen Augen, Edgar Degas' berühmte Plastik einer mädchenhaften Ballerina im Satin-Tutu.

Feinste Sinne muss dieser Simon wohl besessen haben, um all dies zusammenzutragen – ein Gentleman-

Connaisseur der alten Schule. Mitnichten. „Den Takt und das Feingefühl eines Bulldozers" hatte ihm *Newsweek* einst attestiert. *Fortune* kürte ihn gar zum „unbeliebtesten Geschäftsmann Kaliforniens", einem, der getrieben sei „von einer tief sitzenden Abneigung gegen den Status quo." Rastlosigkeit und knallharte Manieren sollten den „brilliant California capitalist" dafür weit bringen, auch auf die Titelseite der *Business Week*: „One of the nation's leading collectors of companies – and art", resümierte das Blatt im Mai 1966.

Norton Simon war der Prototyp des *corporate raider,* der aggressivsten Spezies unter allen Alpha-Tieren der freien Marktwirtschaft. Immer auf der Lauer nach dem nächsten Deal schluckte Simon marode Unternehmen wie andere Viagra. Und was nicht für das eigene Firmenimperium verwertet werden konnte, wurde nach Sanierung gegen Millionenmargen wieder ausgespuckt.

1931 hatte alles mit einem 7000 Dollar-Investment in einen bankrotten O-Saft-Abfüller in Orange County begonnen. Anfang der Sechziger war Simon Herr über Jahresumsätze von insgesamt 300 Millionen Dollar. Doch als der Unternehmer 1993 starb, hinterließ er nicht nur Beteiligungen an Eisenbahnen, Ölfeldern und mit Hunt Foods & Industries einen riesigen Mischkonzern, sondern auch eine der bedeutendsten privaten Kunstsammlungen des 20. Jahrhunderts.

„Think Big!", so lautet bekanntlich Kaliforniens Staatsraison. Mehr als 5000 Bilder und Skulpturen hatte der Tycoon seit 1954 zusammengekauft. Nur Hans Heinrich von Thyssen-Bornemisza, der verstorbene deutsche Kunst-Baron in Madrid, konnte eine noch größere Sammlung sein Eigen nennen.

Norton Simon hatte mit 47 Jahren seine Passion für Kunst erst spät entdeckt, und der Anfang war denkbar profan: Die Simons brauchten Bilder für die kargen Wände ihres neuen Hauses am Hancock Park. Nur wenige Jahre später hingen Bilder fast überall, sogar in den Einbauschränken. Die Sammelei war zur zweiten Karriere geworden.

Dass sich der angehende Mäzen, ein Nachkomme jüdischer Einwanderer, überhaupt nahe dem feinen Wilshire Country Club von Los Angeles niederlassen konnte, war damals keineswegs selbstverständlich, denn die „Society" von L.A. lebte strikt abgegrenzt. Hier die konservative, meist protestantische Oberschicht, und erst weiter im Westen, in Beverly Hills und Hollywood, die jüdische „Community". Auch blieb Juden der Weg zu einflussreichen Jobs in Amerikas Museumswelt damals oft versperrt.

Das alles sollte sich mit Norton Simon ändern. Der Kunstnarr wurde die treibende Kraft für das kulturelle Erwachen seiner Stadt und profilierte sich 1962 als Mitbegründer des Los Angeles County Museum of Art. Doch im Vergleich zu anderen Großgönnern Südkaliforniens wie die Ölmänner Getty und Armand Hammer brachte Simon neben Neugier und Wissensdrang mit, was man nicht kaufen kann: ein gutes Auge.

Als wahre Quelle seines rastlosen Schaffens aber galten dem schlaksigen Mann mit dem traurigen Blick, der sich gern als gesellschaftlichen Außenseiter sah, seine berüchtigten „3 Ps": „Power, Paranoia und Publicity". „One should never feel safe" hieß die neurotische Devise.

Inmitten der exklusiven Zirkel des internationalen Kunstbetriebs sollte der Aufsteiger so schließlich seine Bühne finden. Bei einem aufsehenerregenden Bietgefecht bei Christie's etwa, als Simon im Frühjahr 1965 vor den Augen der Weltöffentlichkeit Rembrandts „Titus" für 2,2 Millionen Dollar ersteigerte und damit den damals zweithöchsten Preis in der

Exotisch: Die Ausstellung asiatischer Skulpturen betont die Komplexität dieses Museums

Moderner Klassiker: Um 1945 schuf Henry Moore seine „Family Group"

Tour de Force erster Klasse durch die Kunstgeschichte

Auktionsgeschichte für ein Gemälde Rembrandts zahlte. So manchen Kunsthändler trieb Simons unerbittliche Lust am Deal derweil zum Wahnsinn: „Alle bedeutenden Sammler sind in gewisser Weise schwierige Menschen“, erinnert sich Julian Agnew, der Londoner Spezialist für alte Meister in einer 1998 erschienenen Biografie des Amerikaners, „Norton Simon aber bewegte sich am äußersten Rande dessen, was man als ‚schwierig' bezeichnen könnte.“

Dabei war der Unternehmer längst zu mächtig, als dass man nicht mit ihm Geschäfte machen wollte. So kaufte der preisbewusste Supersammler gerne auch im Dutzend. Ein spektakulärer Coup gelang ihm im April 1964, als das gesamte House of Duveen unter den Hammer kam: das Magazin der legendären Galerie von Joseph Duveen, des bedeutendsten Kunsthändlers seiner Generation und Hoflieferanten für Amerikas Hautevolée der Jahrhundertwende. Inklusive 12000-bändiger Bibliothek und dem Sitz des Unternehmens, ein herrschaftliches Townhouse an New Yorks mondäner Upper East Side, für insgesamt vier Millionen Dollar. Simon schnappte sofort zu. Werke wie Jean-Honoré Fragonards Rokoko-Juwel „Das Liebespaar“ (1760-65) wanderten in die eigene Kollektion, das Gebäude selbst wurde umgehend eingetauscht – gegen Kunst, versteht sich.

Im November 1974 schluckte der Sammler dann gleich ein ganzes Museum. Damals stand das Pasadena Museum of Modern Art (PMMA) am Rande der Zahlungsunfähigkeit. Die Norton Simon Foundation sprang ein und übernahm dafür die Kontrolle über Institut und Bestände, darunter allein rund 450 Arbeiten von Paul Klee, Lyonel Feininger, Alexej von Jawlensky sowie Wassily Kandinsky.

Und den Hattrick landete Simon dann zwei Jahre später, als 71 Bronzen von Edgar Degas auf den Markt kamen. Das gesamte bildhauerische Œuvre des Impressionisten in einzigartigen Erstabgüssen zum Preis von 2,25 Millionen Dollar entpuppte sich schnell als unwiderstehlich.

Mit der Übernahme des PMMA und seiner Umbenennung in „Norton Simon Museum“ 1975 konnte sich der kalifornische Selfmademan seinen Lebenstraum erfüllen: nicht nur ein Zuhause, sondern auch eine öffentliche Plattform für die Sammlung. Bis zu 190000 Besucher jährlich zieht es seitdem nach Pasadena.

„Ich habe unbändiges Interesse daran, herauszufinden, was hinter der nächsten Ecke liegt“, war einst von Norton Simon zu lesen. „Dabei spielt es eigentlich keine Rolle, welche Herausforderung dort wartet: Ein Geschäft, Kunst, alle Arten von Weiterbildung.“ Erst im Alter von 65 etwa hatte Simon auf Anregung seiner Frau, des Filmstars Jennifer Jones, begonnen, sich mit buddhistischer und hinduistischer Kunst zu beschäftigen. Binnen weniger Jahre trug der obsessive Sammler ein hochkarätiges Konvolut südostasiatischer Skulpturen zusammen, das heute auf rund 1000 Quadratmetern im Untergeschoss des Museums Platz gefunden hat.

Am 2. Juni 1993 fand Norton Simon, der Getriebene, dann seine Ruhe. Zuvor war er nach schwerer Krankheit über Monate fast völlig gelähmt an den Rollstuhl gefesselt gewesen. „Man befindet sich in einem Zustand ständigen Wachstums“, hatte der Tycoon auf dem Zenit seiner Karriere prophezeit „ – oder man stirbt.“ □

Christian Schaernack, *freier Journalist in New York, schreibt u.a. für* art, Handelsblatt *und* Neue Zürcher Zeitung.

MERIAN | INFO Kaliforniens Museen

Rodins „Denker“ vor dem Eingang des Norton Simon Museums

Norton Simon Museum
411 W. Colorado Blvd., L.A.
Tel. (626) 68 40, Mi-Mo 12-18, Fr bis 21 Uhr
www.nortonsimon.org

Getty Center
Eines der größten Museen der Welt. Zu sehen gibt es fast alles – von der Kunst des Mittelalters bis zur zeitgenössischen Fotografie.
1200 Getty Center Drive, L.A.
Tel. (310) 440 73 00
So, Di-Do 10-18, Fr-Sa 10-21Uhr
www.getty.edu

San Francisco Museum of Modern Art
Enzyklopädische Bestände zur Kunst des 20. Jhs.
151 Third Street
San Francisco
Tel. (415) 357 40 00
Fr-Di 11-18, Do bis 21Uhr
www.sfmoma.org

Los Angeles County Museum of Art (LACMA)
Erstrangige Bestände der Klassischen Moderne.
5905 Wilshire Blvd., L.A.
Tel. (323) 857 60 00
Mo, Di, Do 12-20
Fr bis 21 Sa, So 11-20 Uhr
www.lacma.org

California Palace of the Legion of Honor
Werke von Rembrandt, Rubens und Goya.
34th Avenue at Clement Street, Lincoln Park, San Francisco
Tel. (415) 863 33 30
Di-So 9.30-17Uhr
www.legionofhonor.org

Museum of Contemporary Art (MOCA)
Wichtigste Bühne für zeitgenössische Kunst.
250 South Grand Ave., L.A.
Tel. (213) 626 62 22
Do-Mo 11-17, Sa, So-18
Do-20 Uhr, www.moca.org

Museum of Contemporary Art San Diego
Zeitgenössische Kunst mit Meerblick und im postmodernen Design.
700 Prospect St., San Diego
Tel. (858) 454 35 41
Fr-Di 11-17, Do bis 19 Uhr
www.mcasd.org

Armand Hammer Museum
Sehenswert sind die Handzeichnungen Alter Meister.
10899 Wilshire Blvd., L.A.
Tel. (310) 443 70 00
Di, Mi, Fr, Sa 11-19
Do 11-21, So 11-17 Uhr
www.hammer.ucla.edu

Huntington Library
Weltberühmte Manuskriptsammlung inmitten einer prachtvollen Gartenanlage in San Marino.
1151 Oxford Road
San Marino
Tel. (626) 405 21 00
Di-Fr 12-16.30, Sa, So 10.30-16.30 Uhr
www.huntington.org

Foto: Stéphane Frances

Text: Helene Laube

San Francisco – das

Zwei Rekordhalter: die Transamerica Pyramid (1972), mit 265 Metern heute das höchste Gebäude der Stadt, und der Columbus-Tower, der Spitzenreiter Anfang des Jahrhunderts, der das große Erdbeben 1907 unbeschadet überstand

Keine Stadt der Vereinigten Staaten gibt sich weniger amerikanisch als diese. Die wunderschöne Metropole des Westens ist weltoffen, unkonventionell und tolerant

etwas andere Amerika

1

2

Mancher, der in San Francisc

Die Bewohner San Franciscos sind selig. Selig, dass sie ihre Stadt zurückerobert, ja den Fängen der Dotcom-Jungmillionäre entrissen haben. Einheimische sprechen heute über die Boom-Jahre wie über eine Heuschreckenplage: die astronomischen Preise, die Wohnungsknappheit, die überfüllten Restaurants, das Verkehrschaos – endlich ist es vorbei, freuen sich die San Franciscans mit der Heiterkeit der Davongekommenen. Nur wenig ist noch zu spüren von der Katerstimmung, die sich nach den Eruptionen in der New Economy wie ein Mantel über die Stadt des Goldstaubs und der gehetzten Silizium-Träumer gelegt hatte. In San Francisco ist es fast wieder normal geworden. So normal wie es eben werden kann im Zentrum der experimentierfreudigen Lebensentwürfe, diesem Reservat für Weltverbesserer.

Heute können die Einwohner der bergigen Goldgräberstadt wieder schwärmen. Von der herrlichen Lage am Pazifik, der atemberaubenden Aussicht von einem der sieben Hügel. Von der Skyline, die mal im goldenen Licht der kalifornischen Sonne schimmert, mal schemenhaft im Nebel auszumachen ist, der in anachronistischer Renitenz ausgerechnet immer im Hochsommer wie von Furien gehetzt die Hänge herunterzufegen wagt. Von der weichen Luft, die nach Sonne, Pazifik und Kirschblüten riecht. Von der Golden Gate Bridge, deren Anblick etwas Berauschendes hat. Auch nach dem tausendsten Mal. Von den kulinarischen Draufgängern, die sich inspirieren lassen von Alice Waters' „köstlicher Revolution", die die legendäre Köchin vor 33 Jahren in ihrem Restaurant „Chez Panisse" im benachbarten Berkeley ins Rollen brachte.

Und alle schwärmen sie vom Reichtum der Einflüsse aus allen Himmelsrichtungen. „An einem Nachmittag kann man hier ganze Länder – ach was, Kontinente – durchqueren", sagt Debra Lande, während sie an der Bar in der Tapas-Bar „Bocadillos" im Finanzviertel ein Jamón-Brötchen verspeist. Sie zog es vor 30 Jahren in die Küstenstadt, die aus der amerikanischen Ferne wegen ihrer Toleranz gegenüber Hippies und Homosexuellen argwöhnisch oder herablassend beäugt wird. Wie alle hier hat die Managerin beim renommierten Verlagshaus Chronicle Books eine Schwäche für die insulare Weltoffenheit, mit der sich die 49 Quadratmeilen an der Bay vorsätzlich vom Rest des Landes abheben. Dieses „subtile, aber untrügliche Gefühl, den USA entronnen zu sein", wie der Journalist HL Mencken über seine Ankunft in San Francisco schrieb.

Im lärmigen, bunten Mission District und Valencia-Korridor sind Spanischkenntnisse von Vorteil, obwohl sich in diesem Wohn-, Einkaufs- und Ausgehviertel längst die Boheme mit ihren Cafés, Restaurants und Klamottenläden unter die hispanischen

1

1. Wo eine Bank zur Oase wird: Ruhepause in Chinatown.
2. Fisherman's Wharf, der alte Fischerhafen, wurde zum Rummelplatz, doch es gibt fangfrische Krabben und Schiffe an den Piers.
3. Im Zeichen des Drachens: Ganz authentisch ist Chinatown auch noch abseits der Grand Avenue.

1. Weltwunder von 1937: Die Golden Gate Bridge ist 2,7 Kilometer lang und schwebt 72 Meter über dem Wasser.
2. Ausgeflippt: Haight Ashbury, in den späten Sechzigern Zentrum der Hippiebewegung, zieht bis heute bunte Vögel an.
3. Viktorianisch: die alten, reich verzierten Häuser am Alamo Square vor der modernen Silhouette des Financial District.

nkommt, hat das untrügliche Gefühl, den USA entronnen zu sein

Einwanderer gemischt hat. In den schlichten, authentischen Restaurants der asiatischen Immigranten im Tenderloin wiederum wäre Hindi, Urdu oder Vietnamesisch hilfreich, während in Teilen des Richmond District Russisch die Verkehrssprache ist.

Das Interesse am Unbekannten zieht auch Debra Lande selbst nach all den Jahren immer wieder an Orte wie Chinatown, wo mitten in einer US-Stadt Straßenschilder und Bankautomaten in Mandarin beschriftet sind und sechs chinesische Lokalblätter einen Zeitungskrieg austragen. Wie fast jedes gut besuchte Stadtviertel verfügt Chinatown über zwei Versionen: eine für Besucher, eine für San Franciscans.

Auf den Trampelpfaden an der Grant Avenue entlang, wo in jedem Laden der gleiche Ethnokitsch verramscht wird, drängen sich Touristenhorden fast von den Gehsteigen. Einheimische weichen in eine Straße westlich aus, wo man auf der Stockton Street im bunten Gewühl einkaufender Chinesen zwischen Kräutershops, Fisch- und Gemüseläden herumstöbern kann. Hier wird alles verhökert: von lebenden und gedörrten Schildkröten und Fröschen über Ginseng und Bok-Choy bis hin zu angeblich lebensverlängernden Wurzeln. „Wer sich in die Seitengassen wagt, findet versteckte Tempel, Fabriken, wo die in San Francisco erfundenen Fortune Cookies gebacken werden und China-Restaurants, in denen vorwiegend Chinesen essen“, rät Lande. Nicht nur Chinesen. In den fünfziger Jahren schon fanden sich Schriftsteller und Beat-Poeten wie Jack Kerouac, Allen Ginsberg und Charles Bukowski auf der Washington Street bei Sun Hung Heung oder Sam Wo zum Mitternachtsmahl ein. Diese unverwüstlichen Restaurants sind auch heute noch angesagte Treffpunkte in der größten Chinatown außerhalb des Reichs der Mitte.

Die Beatniks waren vor allem in North Beach zu Hause, dem italienischen Viertel, das direkt an Chinatown grenzt. Dort wo heute noch Italienisch parlierende, gestikulierende Alte auf Gartenbänken und in Cafés sitzen, Schach spielen und die vorbeiziehenden Touristen beäugen. Das Epizentrum der Beat-Generation und von North Beach liegt an der Columbus Avenue, die zur TransAmerica-Pyramide führt und eine der wenigen Straßen ist, die schräg durch die Stadt schneidet. An der Hausnummer 261, Ecke Jack Kerouac Alley, findet man ihn, den weltberühmten City Lights Bookstore: „Kopf, Herz und Atem des literarischen San Francisco“, sagt Bill Morgan, Autor und Allen Ginsberg-Foto-Archivar. Seit seiner Gründung vor 51 Jahren ist der Buchladen eine Hochburg für politischen Dissens. Unter der Leitung des mittlerweile 85-jährigen Mitgründers und Poeten Laureate Lawrence Ferlinghetti erleben regimekritische Beat-Stimmen in der Bush-Ära eine Renaissance. Wenn man ergriffen aus der geschichtsträch-

1. Straßenbahn von Weltruf. 1873 wurden die ersten Schienen verlegt, und immer noch ist das Cable Car, hier im Financial District, unterwegs.
2. Wie der Trödelladen in North Beach machen unzählige kleine Shops San Francisco zur wahren Fundgrube außergewöhnlicher Dinge.
3. In der Restaurantszene spiegelt sich die ethnische Vielfalt San Franciscos. Ob asiatisch wie in diesem Imbiss in Haight Ashburry oder mexikanisch oder russisch – es gibt nichts, was es nicht gibt.
4. Die Lombard Street im Viertel Russian Hill gilt als kurvenreichste Straße der Welt. Die acht Serpentinen wurden angelegt, um den Autos die Bewältigung des 22-prozentigen Gefälles zu erleichtern.

Zentrum experimentierfreudiger Lebensentwürfe, Reservat fü

tigen Bücher- und Verlagshalle tritt, muss man sich entscheiden. Rechts ein paar Häuser die Columbus Avenue hinunter, zum historischen Sentinel Building, Heimat von Francis Ford Coppolas Filmstudio American Zoetrope und seinem etwas eigenwilligen Hobby, dem „Café Niebaum-Coppola". Oder links runter, vorbei am „Washington Square Bar & Grill", wo Barkeeper Mike McCourt aus Limerick, Bruder von Frank McCourt („Die Asche meiner Mutter") seit Jahrzehnten die Gäste besingt und für Suchende Papierservietten mit Namen und Plätzen voll kritzelt. Vorbei also an dem altehrwürdigen Saloon, zum Washington Square. Mit einem Picknick vom Delikatessengeschäft Molinari auf der Grasdecke des Platzes sitzen, der von Lawrence Halprin, dem Vater der amerikanischen Landschaftsarchitektur, mit gekonntem Understatement entworfen wurde. Wer der Columbus Avenue bis fast zur Bay folgt, landet in San Franciscos hektischster Touristenmeile, dem Fisherman's Wharf. Einheimische erblassen beim Gedanken an die überlaufenen Docks, die den Charme eines Vergnügungsparks haben. „Die Souvenirläden, billiges Food und die Zugnummern für den Massentourismus haben diese einmalige Lage verschandelt", schimpft Yves Béhar. Der prominente Vertreter der internationalen Designerszene lebt seit zehn Jahren in San Francisco und muss es wissen: Béhar gilt als Lieferant zielsicherer Ästhetik. Béhars Empfehlung für einen ungetrübten Blick auf die Bucht, die Formenvielfalt des Nebels, Alcatraz und die Golden Gate Bridge heißt Crissy Field. An blitzblanken, strahlenden Tagen ist das ehemalige Armeeflugfeld eben so grandios wie an stürmischen, wenn der berüchtigte Wind die dichten Wattewolken durchs Golden Gate jagt, den engen Durchbruch zwischen Pazifik und Bucht. Auf elf Hektar renaturierten Gezeiten-Marschlandes, über Sandstrand, Dünen und Wiesen kann man hier am Wasser entlangschlendern, radeln und joggen, immer in Richtung Fort Point, das im Schatten des rot gestrichenen Wahrzeichens San Franciscos kauert. Keine Meute, kein Stress, und auf halber Strecke begrüßt einen die „Warming Hut". Wo sich früher Piloten aufwärmten, serviert heute keine Geringere als Alice Waters günstige Snacks.

San Francisco ist eine Stadt, sagen viele, der man sich am besten vom Wasser her nähert. „Vom Wasser aus versteht man die Topografie und Romantik der Stadt an der Bay am besten", erklärt Zahid Sardar, Architektur-Kritiker beim Sonntagsmagazin des *San Francisco Chronicle*. „Vom Boot aus kann man den unterschiedlichen Charakter der Hügel erkennen – und die Distanz mildert so einige architektonische Malheurs." Zu den Pannen zählt der gebürtige Bombayer den Union Square, den die Stadt im Bauboom auf der Höhe der

Weltverbesserer

Internet-Euphorie zu einer Betonwüste mit Busstation-Charakter verunstaltete. „San Franciscos berühmtester Platz ist schauderhaft geworden und bietet weder Verschnaufmöglichkeit noch Schatten", beanstandet Sardar. Auch das neue Baseballstadion SBC Park im einstigen Niemandsland China Basin hält er für einen Stil-Rückschritt, ein „Zugeständnis an die Nostalgie". Immerhin bietet es von den oberen Rängen einen herrlichen Rundblick auf die Stadt, die Bay Bridge und das Wasser.

Sardar wartet nun gespannt auf die für Oktober 2005 geplante Wiedereröffnung des De Young Museum. Das Prestigeobjekt im Golden Gate Park stößt allerdings nicht nur auf Begeisterung, während Renzo Pianos Konzept für das bis 2008 umgebaute Naturkundemuseum – nur ein Steinwurf vom de Young entfernt – rundum begrüßt wird.

Saniert wurde auch das Ferry Building, das am Ende der Market Street und an der herausgeputzten und mit Palmen begrünten Uferpromenade, dem Embarcadero, liegt. Das 1898 errichtete Fährgebäude, lange Jahre ein unansehnliches Bürohaus, ist seit 2003 nicht nur wieder Knotenpunkt für Fährgäste, sondern ein kulinarisches Zentrum. Viermal in der Woche findet vor dem lang gestreckten Bau der Farmers Market statt.

Täglich werden in fast 40 Geschäften und Restaurants Austern aus dem Pazifik, Käse, Pilze und Olivenöl aus dem nördlich von San Francisco gelegenen Marin County sowie Biofleisch und -gemüse und zahllose andere Köstlichkeiten feilgeboten. Und weil wir in San Francisco sind – das ja auch Kapitale der Tofu-Alfalfa-Sprossen-Sandwiches und Weizengras-Säfte, der Yoga-Studios und Zen-Zentren ist, kurzum eine Zweigstelle von Aschram-Indien – werden im Ferry Building nur Erzeugnisse aus ökologischer Landwirtschaft verkauft. Und weil wir immer noch in San Francisco sind, finden sich unter den Ladenbesitzern geläuterte Dotcommer wie Meg Ray und Caitlin Williams. Die beiden haben das Platzen der Internet-Blase und ihrer Karrieren genutzt, um sich den Traum von der eigenen Patisserie zu erfüllen. Täglich backen die Inhaberinnen der Miette Patisserie mehrere hundert Petit Fours, Makronen, Madeleines, Lavendel-Butterkekse, Schokoladentörtchen und andere Pariser Spezialitäten – selbstredend mit Butter, Mehl und Eiern aus sauberer Produktion. „Während des Booms wollten wir die Welt verändern. Nun sind unsere Ansprüche bescheidener geworden, dafür aber verursachen meine Produkte heute Glücksgefühle", sinniert Meg Ray, während sie auf die Bay hinausblickt, die spiegelglatt in der Sonne funkelt. □

Helene Laube, *Jahrgang 1967, lebt seit 2000 in San Francisco und arbeitet u.a. für die* Financial Times Deutschland.

San Francisco ist nicht prüde. Hier werden alle nach ihrer Fasson selig. Jeden Sommer feiern sich Schwule und Lesben während der farbenprächtigen Gay Parade

Tausende folgten dem Lockruf des Goldes und zogen nach Westen. Als die Schürfgründe ausgebeutet und die Träume verflogen waren, gingen die Glücksucher wieder. In den leeren Städten, den Ghost Towns, haben sie ihre Spuren hinterlassen

"GOODBYE, I'M

GOING TO BODIE!”

Text: Judka Strittmatter, Fotos: Berthold Steinhilber

Dies war einmal die zweitgrößte Stadt Kaliforniens: Bodie. In Swazey’s Hotel (re.) wurde um 1880 getanzt, gesoffen und gehurt. Und in der Schule (mit Turm) lernte der Nachwuchs, wie man Gold und Silber schreibt

Ein vergessenes Damespiel unter dem Porträt der Lottie Johl. Die First Lady von Bodie begann ihre Karriere im Rotlichtviertel und wurde später eine anerkannte Malerin

Meistens passierte es auf der Main Street. Neues, Erstaunliches, Schönes und Schauderhaftes. Hier liefen die Neuankömmlinge ein, Minenarbeiter, Spieler, Prostituierte, hier gingen die Dollarbündel über die Tresen, und hier stach „Bad Mike", ein Mann der Unterwelt, eines Tages einen armen Irren ab, kaltblütig. Ein Aufreger war das nicht im Grubencamp mit dem Namen Bodie, das man auch „Shooters Town" nannte. Mindestens eine Leiche pro Tag hievte der Bestatter hier auf seinen Karren – die Colts saßen locker um 1880.

Auf der Main Street wurde auch Bodies Ende besiegelt, 1932, an einem heißen Junitag. Bodie, die Goldgräberstadt,

Hier läuft nichts mehr, nicht mal Sprit. Die Tankstelle mit den zwei Zapfsäulen und der alte Dodge sind Relikte aus dem Jahr 1942. Als die letzten Bewohner die Stadt Bodie verließen

Bodie, der Sündenpfuhl, Bodie, die Legende, weit in den Hügeln des Mono County. In Schutt und Asche versank der Mythos, weil ein Dreijähriger gezündelt hatte. Nur ein paar Häuser blieben übrig; der finale Todesstoß für eine Stadt mit sinkendem Stern: Die Gold- und Silberminen waren ausgehöhlt, die Euphorie verpufft. Zehn Jahre später, 1942, zogen die Letzten weg aus Bodie. Und Stille ein.

Ihm ist das recht so. Lieber ein bisschen mehr Ruhe und ein bisschen mehr Einsamkeit, sagt Rod Stuff, Mitglied der 14-köpfigen Crew des Bodie State Historic Park. Lieber eine Straße wie die hier nach Bodie als eine in Los Angeles Rod, Ende 60, hat das alles durch, die Großstadt, den Lärm. Seit acht Jahren nimmt er, aus Mono City kommend, einmal die Woche den Abzweig vom Highway 395, 19 Meilen hinter Lee Vining, rechts in die Berge. Für Rod sind diese 13 Meilen die Freiheit schlechthin. Für andere sind sie ein Pfad ins Reich der Einsamkeit.

Nach und nach wachsen sanfte Hügel zu stattlichen Bergen heran, verwandelt sich ein glatter Asphaltweg in eine raubautzige Sandpiste und mit zunehmender Entfernung von der Zivilisation erfleht man die Existenz eines vollen Reservekanisters im Kofferraum. Hier liegen bleiben? Nie und nimmer! Schamvoll sehnt man sich nach einem Zipfel amerikanischen Alltags mit seinen lärmenden

Rien ne va plus – nichts geht mehr am Roulette-Tisch in der Sam Leon Bar

In dieser einstigen chinesischen Wäscherei verrosten die Bügeleisen auf dem Ofen

Insignien. Hot-Dog-Buden, Bagel-Shops, All-you-can-eat-Filialen. Immerhin schaffen die es in Amerika sogar in entlegene Wüsten-Winkel. Aber nicht bis nach Bodie.

Ein Schlagbaum kündigt Leben an. Oder was davon übrig ist. Eine Geisterstadt und ihre Ruinen. Holzig, dunkel, windschief. Ein Westernnest, ein Revolverhain, ein Freilichtmuseum, um dessen Exponate der warme Wind der Sierra Nevada und die Aura alter Zeiten weht. Und der Himmel an klaren Sommertagen das schönste Blautuch spannt. Menschen sieht man hier in Grüppchen, nicht in Horden. Amerikaner, Deutsche, Franzosen. Vorsichtig streifen sie durch einen Stadtkadaver, genießen den schönen Schauer der Western-Ära und gehen dabei in typischer Bodiehaltung in die Knie – die Nase an diverse Fensterscheiben gedrückt. Nur so bekommen sie Eintritt in die Welt der Cains und Mastrettis, der „Buffalo Bills" und „Madame Mustaches", in deren Eisenbetten und Bolleröfen. Die Wirrnis des Aufbruchs und der Staub langer Jahre liegen über dem Interieur in Kammern, Küchen und Stuben. Nur ein Haus ist offen, die anderen sind zugesperrt. So hält man sich in Bodie Antikräuber vom Leib, die es früher zuhauf gegeben hat und schürt, ganz en passant, das Geheimnis um Stiefeletten, Spitzenmieder und Sherrygläser. Wer hat hier gewohnt? Eine alte Dame? Ein junges Paar? Was wurde besprochen bei Eiern und Speck?

Unordnung, stellt man fest, ist der höhere Sinn Bodies, „erstarrter Verfall" nennen es die Broschüren der Museumsleitung. Das meiste soll an dem Platz bleiben, wo es die Bodianer fallen oder stehen ließen, als sie der Stadt den Rücken kehrten. Nur wenige Requisiten des Alltags sind deshalb in Regale oder Vitrinen gestopft, die meisten liegen draußen herum, und nur Gras und Sand trachten ihnen nach dem Leben. Spitzhacken, Loren, ein Chevrolet von 1936. Manche Überbleibsel sind in der Miners Union Hall ausgestellt, einem großen Saal, in dem sich die Bürger von Bodie früher zu Hochzeiten Masken- oder Thanksgivingbällen trafen. Wahlweise auch zu Beerdigungen.

Vor 50 Jahren kam Rod Stuff zum ersten Mal nach Bodie. Ein junger Schlacks war er da und sofort verliebt in die morsche Geisterstadt. Heute ist er der gute Geist in Bodie: Herumführer, Geschichtenerzähler, graue Eminenz. Vier Tage die Woche wohnen er und und die anderen von der Crew auf dem Gelände, in den knarzenden Hütten der Westernhelden von einst. Überall da, wo Gardinen in den Fenstern sind, sagt Rod. Sein Rauschebart, der Ranger-Look – wenn man es nicht besser wüsste, könnte man Rod glatt für die Inkarnation des alten William S. Bodey halten, der hier, 45-jährig, an einem heißen Julitag des Jahres 1859 seine Hacke in die raue Kruste der Sierra Nevada schlug, Gold fand und damit den Grundstein für eine Stadt legte, die schon 20 Jahre später die zweitgrößte nach San Fransisco war, mehr als 10 000 Einwohner, ein Baseballteam, zwei Kirchen und fünf Friedhöfe hatte und alles in allem Gold im Wert von rund 100 Millionen Dollar zu Tage förderte. In Bodie landeten all jene, die es aufnahmen mit dem amerikanischen Traum. In mehr als 30 Minen gruben sie nach Gold, Silber und Kupfer. Nach stundenlanger Schufterei in der Finsternis fielen sie ein in Bierhallen und Puffs, in „Mark's Saloon" oder ins „Philadelphia Beer Depot". Auch der Red Light District war im rauschsüchtigen Bodie kein geheimer Ort, und ebenso wie die Opiumhöhlen der „Chinks", wie man Chinesen hier nannte, florierte er ausgesprochen gut. Bereits Bodie hatte ein Chinatown, die Beweise liegen im Museum: Fächer, Stäbchen, Reisschalen.

Fern gehalten von Suff und Sünde wohnten Frauen und Kinder meist etliche Blocks entfernt, doch entging auch ihnen nicht Bodies zwielichtiger Ruf. Eine Zeitungsnotiz, verfasst von einem Chefredakteur in Truckee, heizte die Stimmung heftig an. Die Redaktion hatte den Hilferuf eines kleinen Mädchens gedruckt, dessen Eltern eben-

• • • • • • • • • • • • • • • WER HAT HIER GEWOHNT? WAS WURDE

Ob die Tafel wirklich in den letzten Schulstunden beschriftet wurde?

Ladenhüter seit mehr als 60 Jahren im Schaufenster von Boone Store & Warehouse

falls auf dem Weg in die Wildnis waren und das in sein Tagebuch geschrieben hatte: „Goodbye, I'm going to Bodie!" Dort reagierte man mit Unmut und einer Richtigstellung: „Good! By God I'm going to Bodie!", soll das Mädchen in Wahrheit formuliert haben.

Gerade fünf Prozent von Bodie Boomtown stehen heute noch auf rund 3000 Metern Höhe im Sand des Mono County . Das ist mehr, als Ghost Town Lundy von sich sagen kann, 20 Meilen entfernt. Über Lundys Goldgräber-Geschichte hat sich die Gegenwart gestülpt; in den Baracken der Bewohner von einst campieren heute Hobbyfischer mit ihren Familien. Sie sind Ausflügler und leben in einem Idyll, das Spektakuläres zu bieten hat: einen riesigen Berg, einen glasklaren See und ab und an Elche, die durch den Tann ringsum die Fischerhäuser stelzen. Auf ihre Weise führen die Nachfahren des Terrains ein Abenteuer fort, das Ende des 19. Jahrhunderts begann und von dem in Lundy selbst nur noch ein kleiner Gedenkstein zeugt – umkränzt mit den rostigen Indizien der Vergangenheit. Einer Schiffsschraube, einem Anker. Auch über Lundy liegt der Ruch, ein derber Platz gewesen zu sein, auch Lundy erlag den Gewalten seiner Natur. 1886 stellte es seinen Betrieb ein: Zu viele Schneelawinen im Winter und zu große Feuer im Sommer hatten es attackiert.

Ein paar hundert Meilen südlich von Bodie, in Calico, hält man die Geister mit Popcorn am Leben. Hier, nahe Barstow, schlägt einem der heiße Atem der Mojave-Wüste entgegen, und der amerikanische Alltag mit seinem Bedürfnisbefriedigungsauftrag hat einen wieder. Buden und Büdchen postieren sich entlang der Hauptstraße, an alles ist gedacht. An Zuckerwatte und Eiskrem, an T-Shirts und Getöpfertes. Etliche Führungen und Touren, wahlweise aufs Gruseln oder auf Geschichte zugeschnitten, geleiten die Besucher durch die Katakomben der Ghost Town, manche sogar bei Nacht – der Geister wegen. Man kann heiraten und campen in Calico, es gibt Telefonzellen und Geldautomaten, und japanische Touristen lassen sich – als Westernhelden kostümiert – vor Saloontüren und Schnapsfässern fotografieren. In Calico legten die Pioniere der Goldrausch-Ära 1881 los, und erschufen, wie in Bodie, eine komplette Stadt rund herum um ihre Gruben. Es war das Silber, das Calico berühmt, und es waren seine 22 Saloons, die es berüchtigt machten. 4000 Menschen lebten hier einst, doch als 1896 die Minen leer waren, gaben auch sie auf, zermürbt von der Glut der Wüste.

Im Winter setzten Kälte und Schnee den Bewohnern von Bodie zu. Immer wieder rumsten Lawinen herab, begruben ganze Teile der Stadt und erschwerten die Versorgung. Auch William S. Bodeys Schicksal besiegelte der Schnee: Im November 1859 machte sich der Stadtgründer Richtung Monoville auf, um Nahrungsmittel zu besorgen. Auf dem Rückweg kam er in einem Blizzard ums Leben. □

Judka Strittmatter, *Jahrgang 1965, freie Journalistin in Berlin, hat auch privat eine Leidenschaft für gespenstische Orte. Bodie ist nun ihr neuer Favorit.*

MERIAN | TIPP

Private Führungen in Bodie und Lundy
Terri Geissinger, www.terrishistorictours.com
Tel. (775) 721 34 83
Informationen über Calico
www.calicotown.com
Spannend ist die Geistertour natürlich bei Nacht.
www.calicoghostwalk.com
Tel. 001-760-254 33 40

Altes Schulhaus in Calico: Fahne aufgezogen, Kinder abgezogen

BESPROCHEN BEI EIERN UND SPECK? •

Foto: Stephen Simpson

Napa Valley: Im Tal

Wie haben es die kalifornischen Winzer innerhalb kürzester Zeit in die Liga der besten Weine der Welt geschafft? Antwort: mit der Nase und der NASA

Wenn Michael Christiansen an seinen Arbeitsplatz kommt, betritt er einen Kleintierzoo. In den alten Eukalyptusbäumen hängen hölzerne Nistkästen für eine Eulenart, deren indianischer Name den umliegenden Bergen einst den Namen gab: Huichica Hills. Entlang der sanft ansteigenden Hügel des 196 Hektar großen Grundstücks, das an seinem höchsten Punkt mit einem fantastischen Blick auf die San Pablo Bay aufwartet, grasen Schafe. Auf dem Hof vor einer Wellblech-Lagerhalle watscheln Gänse.

So lange er Schafe, Gänse und Raubvögel wohlauf weiß, geht Vineyard-Manager Michael

Das teuerste Ackerland der USA: Die Weingärten in den sanften Hügeln des Napa Valley

der Trauben

Text: Birgit Heiland

Christiansen davon aus, dass es um die darwinistische Form der Schädlingsbekämpfung in seinen Weinbergen bestens bestellt ist: Eulen jagen nachts Mäuse und Maulwürfe, die sich an die Wurzeln der Rebstöcke graben. Im unwegsamen Gelände sind Schafe effektiver als Aufsitzrasenmäher. Die schlauen Gänse wiederum gehören nicht zum Wachdienst, sondern zur Putzkolonne: sie haben das Finden und Fressen von Senfkräutern gelernt.

Winzer mögen keinen Senf in ihren Weingärten. Lieber haben sie Aromen von Beerenfrüchten, Zimt, Hölzern, Tabak, Leder oder Schokolade. An die tausend Stoffe sind bekannt, die im Wein walten, ihm eine individuelle Note geben. Am Ende kommt es auf die rechte Balance an. Und um die zu finden, ist kein Aufwand zu groß. Dann kommt kein kleines Tier, sondern Hightech ins Spiel.

In einem Lederetui am Hosengürtel trägt Michael Christiansen von der Robert Mondavi Winery einen Handheld-Computer. Wenn er wissen will, wie es um den Reifegrad der Trauben oder den Wassergehalt des Bodens im Chardonnay Block, Eastern Slope B, bestellt ist, muss er lediglich seinen Mini-PC anknipsen und die jüngsten Mess-

Der Herr der Weine: Robert Mondavi gehört zu den großen Winzern der Welt

daten runterladen. Wie lange der Morgennebel gestern anhielt? Ein Tastendruck, die Information liegt vor. Der Winkel der Sonneneinstrahlung vorgestern? Auch abrufbar. „Bis zur Lese", sagt Michael, „wollen wir die bestmöglichen Bedingungen schaffen. Und mit der Lese werden wir erst beginnen, wenn der Zeitpunkt optimal ist."

Die Robert Mondavi Winery, Christiansens Arbeitgeber, ist ein Pionier des modernen „Precising Farming". 1993 gewann Robert Mondavi, der Großmeister des kalifornischen Weinanbaus, ein Tochterunternehmen der Weltraumbehörde NASA als Dienstleister. Die Raumfahrtexperten liefern dem Winzer Satelliten- und Infrarotaufnahmen sowie aktuelle Bodenanalysen. Erst kürzlich, erzählt Christiansen, hätten sie einen Weinbauern aus Burgund zu Besuch gehabt, wo nahezu gleiche Bedingungen herrschen wie in den Huichica Hills im Napa Valley, das knapp 100 Kilometer nördlich

Die Enkel der Goldgräber sind moderne kalifornische Winzer und holen flüssiges Gold aus dem Boden. Von größter Reinheit

von San Francisco liegt. Nach dem gemeinsamen Rundgang stellte der Franzose beeindruckt fest: „Wofür wir viele Jahrhunderte gebraucht haben, das schafft ihr in einem Jahr."

Bekannt ist das Napa Valley für feuchte Vormittage, warme, trockene Nachmittage und kühle Nächte. Es ist ein Klima, das die Trauben langsam und gleichmäßig reifen lässt. Und weil die kalifornischen Winzer fehlende Tradition mit Innovationskraft und moderner Technologie wettmachen, gehören sie, so die Wochenzeitung *Die Zeit,* „in die Liga der besten Weine der Welt".

Für Europäer ist es scheinbar nicht leicht zu akzeptieren, dass die Nachfahren von Goldgräbern und Viehbaronen mit so großem Erfolg Wein keltern. Nach Italien, Frankreich und Spanien ist Kalifornien inzwischen der viertgrößte Weinproduzent der Welt – und dabei wurde ein Qualitätsstandard erreicht, den französische Kellermeister erst in Jahrhunderten entwickelten. Kalifornien hat 900 Weinbaubetriebe und 4400 Traubenproduzenten mit insgesamt 224 000 Hektar Weinbergen, die eine jährliche Produktion von zwei Milliarden Litern hervorbringen.

Die ersten Reben wurden 1779 von dem Franziskaner-Pater Junipero Serra gepflanzt. Er führte erste Siedler aus Mexiko in das unter dem Namen San Diego bekannte Gebiet und errichtete die Mission San Juan Capistrano. Dann reiste er auf der

MERIAN | WEIN-INFO

Zu beiden Seiten des Highway 29, der das Napa Valley von Süden nach Norden durchquert, reiht sich Weingut an Weingut. Landschaftlich malerischer und weniger touristisch ist der parallel verlaufende Silverado Trail. Die architektonisch ungewöhnlichsten Gebäude haben Robert Mondavi, Opus One, Domaine Carneros, Sterling und Clos Pegase sowie Codorniu Napa.

Zu den meisten Gütern gehören Probierstuben und Shops, die Weinproben sind nicht kostenlos. Am besten im Visitors Bureau die Karte „Wineries of the Napa Valley" besorgen – da steht alles drin.

(B 6) Visitors Bureau, 1310 Napa Town Center, www.napavalley.com

(B 6) Napa Valley Vintners P.O. Box 141, St. Helena www.napavintners.com

Route, die als El Camino Real bekannt wurde (heute Highway 1), nordwärts und eröffnete 21 weitere Missionsstellen (s. S. 94). Auch dort ließ er überall Wein anbauen. Die ersten Trauben kelterten die Missionare für den eigenen täglichen Bedarf.

Die Kommerzialisierung des Weinanbaus begann mit der Gründung der Gemeinde Anaheim, auch „Winemaker's Community“ genannt, in der sich 1857 zahlreiche deutschstämmige Winzer zur Los Angeles Vineyard Society zusammenschlossen. 50 Anteile wurden veräußert, ein Anteil kostete 1500 Dollar, als Gegenwert gab es acht Hektar Land, von denen 3,2 Hektar mit Reben bepflanzt werden mussten. Die Kolonie entwickelte sich prächtig, die Hauptstraße von Anaheim säumten keine Saloons, sondern „Wine Rooms“.

„Nahezu jeder Landbesitzer ist vom Weinfieber befallen,“ wetterte damals der deutschstämmige Winzer Charles Kohler. Die Gallone Wein, also vier Liter, kostete 50 Cents. Die Restaurants schenkten ihn zum Essen kostenlos aus. 1860 war die Weinerzeugung bereits der drittgrößte Industriezweig Kaliforniens, und bei der Weltausstellung 1890 in Paris wurde nahezu die Hälfte aller zum Wettbewerb eingereichten Gewächse mit Goldmedaillen prämiert. Doch dann ereilte auch Kalifornien die Phylloxera, die schädliche Reblaus. Noch lausiger ging es den Winzern wohl nur in der nachfolgenden Zeit der Prohibition: Nur einige wenige Produzenten durften Messweine keltern.

Robert Mondavi gründete 1966 das erste neue Weingut im Napa Valley. Allerdings fanden er und seine Kollegen kaum Resonanz, selbst in San Francisco trank die High Society inzwischen europäische Weine. Erst als zwei kleine kalifornische Weingüter aus dem Napa Valley, Chateau Montelena und Stag's Leap Wine Cellars, 1976 bei ebenjener Vergleichsverkostung der besten französischen und kalifornischen Weine in Paris erneut erste Plätze ergatterten, änderte sich dies. Auf den Goldrausch folgte das rauschende Geschäft der Winzer, das bis heute andauert. Allein zwischen 1978 und 1988 vervierfachte sich die Zahl der Winerys auf mehr als 200.

Der alte Truck ist nur noch romantische Dekoration zwischen moderner Technologie

Super-Nase: Heidi Barrezt ist eine der erfolgreichsten Weinexpertinnen

Wer heute ins Napa Valley kommt, betritt das teuerste Ackerland der USA. Vier Millionen Touristen sind es jährlich, allein 300 000 kommen zu Mondavi, wo eigens ein Master Sommelier angestellt ist, der den Besuchern das Handwerk des Weinmachens und die Kunst des Weingenusses vermitteln soll. Neben Touren durch Rebblöcke und Lager werden Verkostungen, Kochkurse, Kunstausstellungen und Konzerte angeboten. Zwischen Napa Downtown und Calistoga verkehrt ein historischer „Wine Train“.

Unter Prominenten und Reichen gilt es als schick, sich ein eigenes Weingut zu halten. Und die Summen, die für so genannte Kultweine bezahlt werden, sind absurd hoch. Für eine Sechs-Liter-Flasche des Weinguts Screaming Eagle in Oakville lag das Bestgebot während der Sommerauktion 2004 im Napa Valley bei 500 000 Dollar. Wie Wertpapiere werden auch Rotweine von Harlan Estate, Bryant Family Vineyard, Schrader Cellars und Dalla Valle Vineyards gehandelt.

Auffällig ist, dass viele der Spitzenweingüter entgegen europäischen Traditionen in der Spitzenposition keinen Mann beschäftigen. Frauen wie Helen Turley und Heidi Barrett haben einst kleinen Weingaragen wie Screaming Eagle, Dalla Valle und Bryant Family zu einem Kultstatus verholfen. Sind sie die besseren Weinmacher? „Absolut“, sagt Jay Schuppert, Vorsitzender der Interessenvertretung der Napa Valley Vintners. „Frauen haben einfach bessere Nasen und Gaumen.“ □

Birgit Heiland *lebt als freie Autorin in Oststeinbek bei Hamburg. Noch lieber als Wein trinkt sie Bier.*

MERIAN PREIS
FÜR DIGITALE FOTOGRAFIE 2004

Die digitale Fotografie wird unsere Seh- und Sichtweisen verändern. Deshalb hat MERIAN aus Anlass seines 55. Geburtstags 2004 erstmals den „MERIAN-Preis für digitale Fotografie“ verliehen. Gemeinsam mit dem Premium-Kamerahersteller OLYMPUS und dem Studienreise-Experten „Dr. Tigges“ will MERIAN die Entwicklung der digitalen Fotografie als moderne und zeitgemäße Ausdrucksform fördern. Wir knüpfen an eine große Vergangenheit an: Denn so wie unser Namensgeber Matthäus Merian im 17. Jahrhundert mit seinen Stadtansichten die Vogelperspektive erfand, erlaubt die digitale Fotografie heute neue Sicht- und Arbeitsweisen. Der MERIAN-Preis wurde in zwei Kategorien mit Preisen im Wert von mehr als 20 000 Euro dotiert:

PREISE FÜR DIE KATEGORIE 1

1. Preis OLYMPUS E-1 mit Blitzgerät und Power Battery Set
2. Preis OLYMPUS E-1 mit Blitzgerät FL-50
3. Preis OLYMPUS E-1 mit Objektiv Zuiko Digital 12-54 mm/F2,8-3,5

PREISE FÜR DIE KATEGORIE 2

1. Preis OLYMPUS C-5050ZOOM
2. Preis OLYMPUS C-750 Ultra Zoom
3. Preis OLYMPUS μ [mju:] 400 Digital

MERIAN FÖRDERPREIS

Die drei Gewinner des Förderpreises wurden mit je einer fotografischen Recherchereise aus dem Angebot des Premium-Veranstalters Dr. Tigges honoriert.

Die Preise wurden auf der Frankfurter Buchmesse 2004 überreicht. Wir bedanken uns bei den Sponsoren und allen Teilnehmern für das rege Interesse.

MERIAN-PREIS 2004
KATEGORIE 1: BERUFSFOTOGRAFEN

Ausgezeichnet wurden Fotoserien von Städten und Landschaften zu den Themen Lissabon, Rügen und Harz.

1. PREIS | KARL PÜRER | LISSABON

2. PREIS | INA SCHULZE STEINEN | RÜGEN

3. PREIS | NIKO SYNATZSCHKE, CHRISTOPH KNIEL | HARZ

MERIAN-PREIS 2004
KATEGORIE 2: AMATEURE

Ausgezeichnet wurden Einzelfotos von Hobbyfotografen zum Thema „Menschen unterwegs".

1. PREIS | HELMUT WESTERDORF | TOURISTEN

2. PREIS | JAN MADEUS | U-BAHN BERLIN

3. PREIS | HOLGER KARL | UNTERWEGS

MERIAN-FÖRDERPREIS 2004

Dieser Preis wurde vergeben an Fotoschüler und Absolventen von Fachhochschulen.

FÖRDERPREIS | VERENA BRANDT | RÜGEN

FÖRDERPREIS | CARSTEN BREDHAUER | LISSABON

FÖRDERPREIS | ROLAND WEHKING | WEIMAR

Ein kurioser Rechtsstatus macht die Indianer Kalifornien
zu den Herren der Slotmachines und steinreich

Robert Smith, Stammesrats-Chef des Pala-Stammes, vor dem Hotelkomplex des Pala-Kasinos bei San Diego. Den Weg zur Kathedrale des Glücks weisen Reklametafeln an den Highways

Black Jack beim Roten Mann

Text: Jürgen Kalwa, Fotos: Vera Hartmann

Sieben Tage die Woche, 24 Stunden am Tag, schlucken die Glücksspielautomaten Dollar um Dollar. Den Kasino-Besitzern, den Indianern, bringt dieser Geldregen Wohlstand – zum ersten Mal seit der Eroberung Amerikas durch die Weißen

Vier Milliarden Dollar jährlich tragen die Zocke

Back to the roots: Die große Eiche ist für die Pechangas ein heiliger Baum. Mit Kasino-Gewinnen konnten sie das Land, auf dem „The Great Oak" steht, zurückkaufen

n die Kasinos der 54 Indianerstämme

Die Ureinwohner der staubtrockenen Hügel nördlich von San Diego haben gelernt, nach einer einfachen Philosophie zu leben: Das Feuer nimmt sich, was es will. Überflutungen holen sich den Rest. Und nichts ist für die Ewigkeit, außer jene kahle Felsenlandschaft mit ihren kargen Canyons und dem Staub, den der Wind in alle Richtungen treibt.

So gesehen ist die 30 Meter hohe Eiche, der die Great Oak Ranch in Temecula ihren Namen verdankt, ein wahres Wunder. Sie saugt seit mehr als 800 Jahren mit tiefen Wurzeln aus den spärlichen Grundwasservorräten, was sie braucht, und ist im Laufe der Zeit so mächtig geworden, dass sie die Last ihrer schweren Äste ringsherum auf den Boden ablegen musste. Wer unter dem Laubdach steht, hat das Gefühl, er befindet sich in einem Zelt.

Niemand fühlt sich diesem Naturwunder näher als die Angehörigen des Stammes der Pechanga. Nicht nur weil sie unter der Krone einst ihre Versammlungen abhielten. Als sie den prächtigen Baum vor drei Jahren mitsamt einer dazugehörigen Ranch ihrem Reservatsgelände zuschlagen konnten, hatten sie zum ersten Mal das Gefühl, sich ein Stück ihrer eigenen Geschichte anzueignen: In der „Great Oak" spiegelt sich für die Pechanga-Indianer von heute ihr Lebensgeist wider: ihre Energie, ihre Weisheit, ihre Zähigkeit und ihre Willenskraft.

Ein paar hundert Meter weiter steht das andere Symbol des Stammes: ein 14-stöckiges Hotel mit mehr als 500 Zimmern, einem Konzertsaal mit 1200 Sitzen und einem Casino, in dem 24 Stunden rund um die Uhr und sieben Tage in der Woche tausende von Menschen an den einarmigen Banditen und Blackjack-Tischen sitzen. Das Ressort ist erst seit 2001 in Betrieb. Trotzdem gehört es zu den ertragreichsten der mehr als 50 Glücksspielzentren, die seit 1998 von Indianern überall in Kalifornien betrieben werden und die im Jahr 2003 zusammen mehr als vier Milliarden Dollar eingenommen haben.

Der Erfolg von Pechanga war größer als alles, womit die Stammesangehörigen gerechnet hatten. Kaum war der Komplex mit seinen 2200 Angestellten gebaut, sah sich der Stamm gezwungen, das Casino zu erweitern und die Kapazität der Slot Machines auf 4000 zu verdoppeln. Der Grund: Samstags standen Besucher bis weit nach Mitternacht in der zweiten Reihe an, um einen Platz an den bimmelnden Automaten zu ergattern.

Die etwa 1100 Indianer gleich nebenan, die sich offiziell Pechanga Band of Luiseño Indians nennen, was an den spanischen Teil der frühen Kolonialgeschichte in Nordamerika erinnert, hatten den plötzlichen Reichtum bitter nötig. Die Regierung von Kalifornien hatte ihre Vorväter vor 100 Jahren aus ihrem angestammten Reservat nördlich von Temecula vertrieben. Während es dort einen Fluss und Trinkwasser gab (Pechanga bedeutet in der alten Stammessprache „der Ort, an dem das Wasser tropft"), musste sich auf dem neuen Territorium jede Pechanga-Familie das Wasser in Kanistern aus einem drei Kilometer entfernten Brunnen besorgen. So ließ der Stammesrat von dem ersten Geld, das mit einem kleinen, improvisierten Casino Mitte der neunziger Jahre verdient wurde, erst einmal die Hütten und Häuser im Reservat ans Wassernetz anschließen. Doch die Liste der Prioritäten war länger, sagt Mark Macarro, der erst 42 Jahre alt, aber bereits Stammesratsvorsitzender der Pechanga ist. Es folgten der Bau eines Kindergartens, einer Schule, einer Feuerwache mit neuen roten Löschzügen, des zweigeschossigen Rathauses, eines kleinen Altersheims. Für die Stammesangehörigen bleibt mehr als genug übrig: Die monatliche Apanage aus der Gemeinschaftskasse beläuft sich für jeden Erwachsenen auf 10 000 Dollar im Monat.

Besonders die neue Feuerwehr bewährt sich. In dem von einer Dauerdürre geplagten Südkalifornien brechen jedes Jahr enorme Wald- und Flächenbrände aus. Die letzte Feuerwalze im September 2004 fraß sich durch mehr als 100 Hektar Reservatsgebiet, ehe sie zum Stoppen gebracht werden konnte. Niemand wurde verletzt. Zerstört wurden allerdings ein paar Schuppen und Wohnwagen.

Eine viel größere Hitze schlägt Macarro seit einiger Zeit aus Sacramento entgegen. Der neue Gouverneur Arnold Schwarzenegger, der leere Staatskassen vorfand, als er das Amt übernahm, hat die Casinos der kalifornischen Stämme als potenzielle Quelle für dringend benötigte Steuereinnahmen entdeckt. Das Tauziehen findet vor dem Hintergrund einer einzigartigen historischen Ausgangslage statt. Alle von der Regierung in Washington anerkannten Indianerstämme in den Vereinigten Staaten verfügen nach jahrzehntelangen Rechtsstreitigkeiten über den Status so genannter Nationen. Ihre Mitglieder sind zwar US-Bürger, besitzen aber in ihren Reservaten einen gewissen Grad an Unabhängigkeit inklusive Steuerfreiheit, politische Selbstständigkeit und ein erhebliches Maß an Rechtshoheit.

Wenn es jedoch um Casinos geht, üben die Bundesstaaten ein Mitspracherecht aus. Glücksspiel im Reservat ist nur dort möglich, wo ein Gouverneur sein Plazet gibt. Schwarzeneggers Amtsvorgänger Grey Davis hatte nichts dagegen und billigte 54 der insgesamt 107 Stämme das Recht zu, auf die ungebändigte Lust der Kalifornier am Zocken zu setzen.

Es schien ein Akt später Wiedergutmachung, nachdem Indianer über ein Jahrhundert lang entwaffnet, enteignet, entmündigt und ohne Lebensperspektive dem Aussterben entgegen vegetierten. Die Arbeitslosenquote lag in den meisten Reservaten bei 80 Prozent. Krankheiten wie

Schild an der Grenze zum Pala-Reservat. Das Land, auf das die Ureinwohner einst abgeschoben wurden, ist karg und ärmlich

Diabetes und Tuberkulose waren stark verbreitet. Die meisten Indianer lebten von der Wohlfahrt.

Der neue starke Mann in Sacramento kann an den alten Zusagen nichts ändern. Er ergriff jedoch die Initiative, als die Pechanga und andere ihre Glitzerpaläste ausbauen wollten. Die Erlaubnis hierzu ließ sich Schwarzenegger von den ersten zehn Stämmen teuer bezahlen: Der Staat Kalifornien sicherte sich 2004 eine pauschale Abgabe von einer Milliarde Dollar und wird in den kommenden Jahren von denselben Casinos 400 Millionen Dollar per anno abschöpfen. „Das ist schlicht und einfach unfair", sagt Mark Macarro, dem die Ironie der Geschichte durchaus bewusst ist. Die einst ausgeplünderten Indianer finanzieren nun das Wohlergehen des weißen Mannes, schaffen tausende von Arbeitsplätzen und füllen den Steuersäckel des Staates. Doch seine Position – „Wenn er uns unser Land zurückgibt, dann würden wir ihm auch das Geld bezahlen." – verhallt in der öffentlichen Debatte ungehört. Reiche Indianer haben in Amerika nicht annähernd so viel Einfluss wie reiche Weiße.

Das liegt unter anderem an den fehlenden Sympathien unter Kaliforniens Wählern. Denen war nämlich aufgefallen, dass die wohlhabenderen Stämme im Wahlkampf Schwarzeneggers aussichtsreichsten Gegenkandidaten finanziell unterstützt hatten. Die Casinobesitzer investieren inzwischen auf allen politischen Ebenen und haben in den letzten sechs Jahren 175 Millionen Dollar an Wahlkampfspenden ausgegeben.

Der Gegenwind kommt aus unterschiedlichen Richtungen. Während der Wettbewerb der Indianer untereinander mit sanften Bandagen betrieben wird, weil der Glücksspielsektor in allen Teilen des Landes boomt und niemand Angst hat, dass ihm der Nachbar die Kundschaft abspenstig macht, reagieren die Betreiber der Casinos in Las Vegas schon längst nicht mehr so gelassen wie früher. Schätzungen besagen, dass der Umsatzverlust in der weltberühmten Glücksspielmetropole im Nachbarstaat Nevada bereits bei einer Milliarde Dollar im Jahr liegt. Das entspricht zehn Prozent des Gesamtumsatzes.

Umso entnervter dürfte man in Nevada auf den Stoizismus der verantwortlichen Stammesvertreter reagieren. Ein typisches Beispiel ist Robert Smith, der 43-jährige Stammesratsvorsitzende der Pala Band of Mission Indians, ein ehemaliger Straßenarbeiter, Feuerwehrmann und Ambulanzfahrer. Nur 10 Kilometer von Pechanga entfernt und nur durch einen Bergrücken voneinander getrennt, hat er sich mit Jerry Turk, einem früheren Casino-Manager aus Las Vegas zusammengetan, der das Geld für das 2003 eröffnete luxuriöse Casino-Hotel auftrieb. „Andere Stämme waren sauer auf uns", erinnert sich Smith. Aber das konnte ihn nicht beirren. „Ich mache das, weil es mir um meine Leute geht." Den im Umgang mit Banken und anderen Finanzierungsgesellschaften erfahrenen Turk „habe ich seinen Job machen lassen". Der trieb 225 Millionen Dollar auf, wurde Generalmanager des Betriebs, heuerte bestes Hotelpersonal aus allen Himmelsrichtungen an und bedankt sich seit der Eröffnung bei den Pala-Indianern mit einem Gewinnanteil von 60 Prozent. Obendrein berät er den Stamm, wenn es darum geht, Überschüsse sicher in Land und Immobilien in anderen Teilen der USA anzulegen. Smith hat sich innerlich längst mit Schwarzenegger arrangiert: „Wenn wir das behalten wollen, was wir haben, dann müssen wir dem Staat helfen."

Und nicht nur das. Zwar sind die kalifornischen Indianer nicht mit den Stämmen im Mittleren Westen und an der Ostküste verwandt. Trotzdem fühlen sie sich für deren Los mitverantwortlich und planen eine Stiftung, um etwa die Sioux in den abgelegenen Gebieten von South Dakota, von denen viele in Armut leben und alkoholabhängig sind, zu unterstützen. Da diese hunderte Kilometer weit von Ballungsräumen entfernt sind, kommt das Allheilmittel Glücksspiel für die Sioux nicht in Frage.

Auch Jerry Turk hat an seinen unerfahrenen Geschäftspartnern im Laufe der kurzen Zeit viele Vorzüge entdeckt. „Dies sind Menschen, die uns vertraut haben, und die sich auf uns verlassen haben. Wir haben sie nicht enttäuscht." Und wie hat sich das viele Geld auf die Indianer ausgewirkt? „Das hat keinen von ihnen verändert. Das sind gute Menschen. So wie früher auch." □

Jürgen Kalwa *lebt als freier Autor in New York und schreibt u. a. für die* Frankfurter Allgemeine Zeitung.

Die Lust am Reisen

MERIAN
PREMIUM SHOP

Angebote für Leser

In unserem Premium Shop bieten wir allen Lesern exklusive Highlights: Seltene MERIAN-Ausgaben aus unserem Archiv und einzigartige MERIAN-Sammlerstücke. Zusätzlich erhalten Sie ab einem Bestellwert von 25,00 Euro das „Best of MERIAN“ gratis dazu! Für Ihre Bestellungen verwenden Sie nebenstehenden Coupon.

MERIAN **FAMILY**

WEGWEISEND

MERIAN pcscout

Planen Sie Ihre Reise am PC. Mit über 50.000 Empfehlungen von MERIAN finden Sie in Deutschland, Österreich, der Schweiz, Norditalien und dem Elsass immer das richtige Reiseziel. Inklusive aktuelle Stadtpläne, Routenplaner, 750 Golfplätze und ADAC Verkehrsinfos. Preis: 25,95 Euro. **Kennwort: PCSCOUT**

UNENTBEHRLICH

MERIAN *kompass*

Der praktische Reise-Begleiter für unterwegs und am Ziel. Die drei neuesten Titel dieser praktischen Reihe können Sie hier bestellen. Sie kosten jeweils 6,50 Euro und haben zwischen 96 und 128 Seiten mit ca. 60 Farbfotos. Format: 9,5 x16 cm, Softcover mit Schutzeinband. **Kennwort: MERIAN kompass „Endlich Ferien“, „Olympische Spiele“, „Das neue Europa“**

JUBILÄUMSHEFT

Best of MERIAN

Ein Sammlerstück, das man nicht kaufen kann! Erleben Sie faszinierende Rückblicke in die Geschichte von MERIAN! Opulente Bildstrecken, faszinierende Reisereportagen, kluge und witzige Essays, einfühlsame Stadtporträts und engagierte Sozialfotografie. Blicken Sie hinter die Kulissen: Lesen Sie, wie das MERIAN-Magazin entsteht, oder wie sich MERIAN anhand von 654 Titeln im Wandel der Zeit zu Deutschlands großem Reisemagazin entwickelte. Zusätzlich beigelegt ist jedem „Best of MERIAN“ eine detallierte Deutschlandkarte im Posterformat von 52 x 73,5 cm. Ab einem Bestellwert von 25,00 Euro erhalten Sie das „Heft der Hefte“ kostenlos dazu. Für Ihre Bestellung verwenden Sie bitte die nebenstehende Postkarte.

Interessante Einblicke für jeden MERIAN-Liebhaber: die Titelparade der letzten 50 Jahre. Dazu ein Blick hinter die Kulissen: wie MERIAN entsteht und wie sich MERIAN verändert hat.

PROGRAMM

AUSWÄHLEN UND BESTELLEN

Lieferbare MERIAN-Titel

Ägypten
Amsterdam
Andalusien
Athen
Autostadt in Wolfsburg
Baden-Württemberg
Baltikum
Barcelona
Best of Italy
Berlin
Brasilien
Budapest
Burma-Myanmar
Chicago
Chinas Norden
Cote d'Azur
Danzig & Masuren
Das neue Ruhrgebiet
Dominikanische Republik
Elsass
Ferien in Deutschland
Florida
Frankfurt
Franz. Atlantikküste
Gardasee
Große Ferien
Hamburg
Hongkong
Indiens Norden
Indiens Süden
Irland
Istanbul
Italien
Japan
Jerusalem
Kalifornien
Kanadas Osten
Kanarische Inseln
Köln
Krakau
Kreta
Kroatien
Kuba
Leipzig
Ligurien
Lissabon
Loire
London
Madrid
Mallorca
Marokko
Mauritius
Mecklenburg-Vorpommern
Mexiko
Moskau
MS Europa
München
Neapel / Amalfi-Küste
Neuseeland
New York
Oberbayern
Paris
Piemont–Turin
Portugal
Prag
Provence
Rom
Sardinien
Schottland
Schweden
Schweiz
Shanghai
Sizilien
Spaniens Norden
Steiermark
Südafrika
Südengland
Südtirol
Sylt
Thailand
Tirol
Toskana
Umbrien
USA: Die Südstaaten
Wasserreich Niedersachsen
Weimar
Wien

SAMMELSCHUBER

MERIAN-Archiv!

Archivieren Sie Ihre MERIAN-Ausgaben in dem modernen MERIAN-Sammelschuber aus Acryl! Jeder Schuber bietet Platz für ca. 12 MERIAN-Magazine. Preis: 16,00 Euro.

Kennwort: Schuber Acryl

Die Lust am Reisen

MERIAN

PREMIUM SHOP

WETTERFEST

WINDBREAKER

Der klassisch blaue Windbreaker trotzt Wind und Wetter, ist aber angenehm leicht und durch den großzügigen Schnitt sehr bequem zu tragen.
Universalgröße: Large
Preis: 39,90 Euro

Kennwort: Windbreaker

Bitte freimachen falls Marke zur Hand. Oder bestellen Sie per Fax: **040/27172079**

ANTWORT

MERIAN
Premium Shop
Postfach 60 12 20

D-22212 Hamburg

Die Lust am Reisen

MERIAN

ABONNEMENT

Wenn Sie MERIAN abonnieren möchten, sichern Sie sich Ihr Dankeschön: einen der vier MERIAN *live* Reiseführer. Mit Quickfinder in den Klappen, den Attraktionen jeder Reise auf einen Blick und gewohnt exzellenter MERIAN-Kartografie.

Wunschtitel bitte ankeuzen:

- ☐ **Deutschland**
- ☐ **Italien**
- ☐ **Spanien**
- ☐ **Skandinavien**

Bitte freimachen falls Marke zur Hand. Oder senden Sie per Fax an: **040/27172079**

ANTWORT

MERIAN
Leserservice
Postfach 60 12 20

D-22212 Hamburg

Ich möchte bestellen.
Bitte liefern Sie die Produkte an folgende Adresse:

Name / Vorname des Bestellers

Straße / Haus-Nr.

PLZ / Ort

Tel.-Nr. / E-Mail

Datum / Unterschrift ME 01/05

Rechnung abwarten – bitte keine Vorauszahlung leisten.
Die Lieferung erfolgt, innerhalb Deutschlands, porto- und versandkostenfrei. Auslandslieferungen auf Anfrage.

☐ **Mit der Zusendung von Informationsmaterial bin ich einverstanden.**

☐ **Ich habe den Bestellwert von 25,– Euro erreicht und erhalte „Best of MERIAN" als Dankeschön dazu.**

Bitte tragen Sie hier die Kennwörter, Anzahl und Preise ein:

Kennwort	Anzahl	Einzelpreis (Euro)	Gesamtpreis (Euro)

Summe

Die Lust am Reisen

MERIAN

GUTSCHEIN

Lust auf Reisen?

MERIAN präsentiert zwölfmal jährlich ein lebensnahes und facettenreiches Porträt einer Stadt, einer Region oder eines Landes auf höchstem Niveau. Mit dem monatlich erscheinenden Magazin MERIAN erleben Sie einzigartige Bilder und packende Reportagen.

Das ist ein Geschenk für:

____

Die nächsten 12 Ausgaben sind ein Geschenk von:

____

Die Lieferung beginnt, sobald die unten stehende Abo-Postkarte ausgefüllt an den MERIAN Leserservice, Postfach 60 12 20, 22212 Hamburg eingegangen ist.

☐ **Ich abonniere MERIAN für mich selbst.**
☐ **Ich möchte ein MERIAN-Abonnement verschenken.**

Name / Vorname des Beschenkten

Straße / Haus-Nr. / PLZ / Ort

Tel.-Nr. / E-Mail

Die Rechnung und das umseitig angekreuzte Dankeschön gehen an: (Adresse bitte unten eintragen). Der Jahres-Abo-Preis für 12 Ausgaben MERIAN beträgt 76,40 Euro frei Haus (innerhalb Deutschlands; Auslandspreise auf Anfrage).

Name / Vorname des Bestellers

Straße / Haus-Nr. / PLZ / Ort

Tel.-Nr. / E-Mail

Gewünschte Zahlungsweise bitte ankreuzen:
☐ **Gegen Rechnung** (Bitte keine Vorauszahlung leisten) ☐ **Bankeinzug** (Bequem und bargeldlos)

Bankleitzahl Kontonummer

Geldinstitut

Datum / 1. Unterschrift

Vertrauensgarantie: Die Bestellung wird erst wirksam, wenn sie nicht binnen zwei Wochen schriftlich beim MERIAN-Leserservice, Postfach 60 12 20, 22212 Hamburg, widerrufen wird. Zur Wahrung der Frist genügt die rechtzeitige Absendung des Widerrufs. Dieses Angebot gilt nur in der Bundesrepublik Deutschland und solange der Vorrat reicht. Das Dankeschön darf ich auch bei Widerruf behalten. Die Kenntnisnahme dieser Hinweise bestätige ich durch meine zweite Unterschrift:

Datum / 2. Unterschrift ME 01/05 21999 / 22000

Ein MERIAN-Abonnement bietet Vorteile:

1. 15% Preisvorteil
Sie erhalten 12 Ausgaben zum Vorzugspreis von 76,40 Euro statt 90,00 Euro.

2. Service
Sie erhalten jede MERIAN-Ausgabe pünktlich frei Haus. Porto und Verpackung zahlen wir für Sie.

3. Vertrauensgarantie
Eine Bestellung wird erst wirksam, wenn sie nicht binnen 14 Tagen schriftlich beim MERIAN-Leserservice, Postfach 60 12 20, 22212 Hamburg, widerrufen wird. Zur Wahrung der Frist genügt die rechtzeitige Absendung des Widerrufs.

4. Geld-zurück-Garantie
Sie können Ihr Abonnement jederzeit kündigen und erhalten für gezahlte und noch nicht gelieferte Hefte natürlich Ihr Geld zurück.

Bestellen Sie einfach und bequem per

MERIAN-Leserservice
Postfach 60 12 20
22212 Hamburg

040 / 87 97 35 40

040 / 27 17 20 79

www.merian.de

www.merian.de
Tausende von Reisezielen, Eventkalender, Reportagen, Tipps & Empfehlungen und weitere exklusive Angebote im MERIAN Premium Shop

MERIAN-ABONNEMENT

Lust auf ein **Abonnement**

Wenn Sie MERIAN abonnieren möchten, erhalten Sie 12 Ausgaben im Jahr für 76,40 Euro (Auslandspreise auf Anfrage) statt 90,00 Euro bei Einzelkauf. Nutzen Sie den Preisvorteil von 15 % und sichern Sie sich Ihr Dankeschön: einen der vier MERIAN *live* Reiseführer. Mit Quickfinder in den Klappen, den Attraktionen jeder Reise auf einen Blick und gewohnt exzellenter MERIAN-Kartografie. Für Ihre Bestellung eines MERIAN-Abonnements verwenden Sie bitte die Postkarte auf Seite 91.

Unser Dankeschön für Ihr Interesse:
Wahlweise die besten Reiseziele Deutschlands, Italiens, Spaniens oder Skandinaviens. Kompakte Reise-Tipps auf über 550 Seiten.

AKTUELLE AUSGABEN

MERIAN-Ausgabe verpasst?

Viele der Ausgaben von MERIAN sind in begrenzter Stückzahl noch verfügbar! Die jüngst erschienenen MERIAN-Titel (siehe Programm-Auflistung, Seite 91) kosten 7,50 Euro inkl. Porto und Versand (innerhalb Deutschlands). Bestellen Sie mit der gegenüberliegenden Postkarte oder im Internet unter www.merian.de. Außerdem erhalten Sie das lieferbare Programm von MERIAN in jeder gut sortierten Buchhandlung und solange der Vorrat reicht.

MERIAN 12/2004

MERIAN 11/2004

MERIAN 10/2004

MERIAN 9/2004

MERIAN 8/2004

MERIAN-**RARITÄTEN** aus unserem Archiv erhalten Sie auf Anfrage unter Telefon **0 40/87 97 35 40**

SONDERAUSGABEN

MERIAN *extra*

Die Reihe MERIAN *extra* widmet sich regelmäßig attraktiven Kultur-, Reise- und Freizeitthemen, die über das konzeptionelle Themenangebot des monographischen Hauptheftes hinausgehen. Dabei werden neue Facetten des jeweiligen Themas abwechslungsreich und unterhaltsam behandelt. Gewohnte MERIAN-Qualität bietet der Serviceteil mit ausführlichen Informationen, zahlreichen Empfehlungen, exklusiven Tipps und detaillierten Karten.

5,00 Euro

5,00 Euro

7,50 Euro

5,00 Euro

Jetzt neu!

5,00 Euro

MERIAN

Heft 1/2005, Januar, Erstverkaufstag dieser Ausgabe ist der 16.12.2004
MERIAN erscheint monatlich im Jahreszeiten Verlag GmbH, Poßmoorweg 5, 22301 Hamburg
Tel. 040/27 17-0, Fax 040/27 17-20 56 **Anschrift der Redaktion:** Harvestehuder Weg 42, 20149 Hamburg
Postfach 130444, 20139 Hamburg, E-Mail: Redaktion@Merian.de, Tel. 040/441 88-231, 441 88-240
Fax 040/441 88-310 **Website:** www.merian.de **Leserservice:** Postfach 601220, 22212 Hamburg
Tel. 040/87 97 35 40, Fax 040/27 17 - 20 79 **Syndication:** www.jalag-syndication.de
GourmetPictureGuide: Stefanie Lüken, Tel. 040/271 720 02, Fax 040/27 17 20 89, www.gourmetpictureguide.de

Herausgeber: Manfred Bissinger
Chefredakteur: Andreas Hallaschka
Art Directorin: Sabine Lehmann **Chef vom Dienst:** Tibor M. Ridegh
Redakteure: Kathrin Sander, Charlotte von Saurma, Thomas Gebhardt (freie Mitarbeit), Thorsten Kolle (freie Mitarbeit)
Redakteur dieses Heftes: Thorsten Kolle **Schlussredaktion:** Tibor M. Ridegh, Jasmin Wolf (stv.)
Layout: Cornelia Böhling, Ingrid Koltermann, Dorothee Schweizer (stellv. Art Directorin)
Bildredaktion: Hanni Rapp, Michael Kleehaupt (freie Mitarbeit), Eva M. Ohms
Bildredakteur dieses Heftes: Michael Kleehaupt **Kartographie:** Peter Münch
Dokumentation: Jasmin Wolf, Andrea Wolf (freie Mitarbeit)
Mitarbeit: Helmut Golinger, Anke Döpke, Paola Melia, Thomas Voigt **Herstellung:** Karin Harder
Redaktionsassistenz: Sabine Birnbach, Katrin Eggers, Sabine Richter (freie Mitarbeit)
Geschäftsführung Premium Magazine: Peter Rensmann **Verlagsleitung Premium Magazine:** Oliver Voß
Gesamt-Anzeigenleitung: Roberto Sprengel **Anzeigenleitung:** Christel Janßen
Anzeigenstruktur: Patricia Hoffnauer **Marketing:** Kenny Machaczek, Ulrich Rieger, Sonja Wünkhaus
Vertriebsleitung: Jörg-Michael Westerkamp (Zeitschriftenhandel), Thilo Heller (Buchhandel)
Verantwortlich für den redaktionellen Inhalt: Andreas Hallaschka
Verantwortlich für Anzeigen: Roberto Sprengel

Verlagsbüros Inland:
Hamburg: Tel. 040/27 17-25 95, Fax -25 20, E-Mail: vb-hamburg@jalag.de
Berlin: Tel. 030/80 96 23-60, Fax -70, E-Mail: vb-berlin@jalag.de
Hannover: Tel. 0511/85 61 42-0, Fax -19, E-Mail: vb-hannover@jalag.de
Düsseldorf: Tel. 0211/901 90-0, Fax -19, E-Mail: vb-duesseldorf@jalag.de
Frankfurt: Tel. 069/97 06 11-0, Fax -44, E-Mail: vb-frankfurt@jalag.de
Stuttgart: Tel. 0711/966 66-520, Fax -22, E-Mail: vb-stuttgart@jalag.de
München: Tel. 089/99 73 89-30, Fax -44, E-Mail: vb-muenchen@jalag.de

Repräsentanzen Ausland:
Basel: Intermag AG, Tel. +4161/275 46-09, Fax -10, E-Mail: info@intermag.ch
London: The Powers Turner Group, Tel. +44 20/7630 99 66 Fax 76 30 99 22, E-Mail: cweiss@publicitas.com
Mailand: Media & Service International Srl, Tel. +39 02/48 00 61 93, Fax 48 19 32 74, E-Mail: info@it-mediaservice.com
Paris: International Magazine Company, Tel. +331/53 64 88 91, Fax 45 00 25 81, E-Mail: imc@international.fr
Madrid: Alcála Media International Media Representation, Tel. +34 91/326 91 06, Fax -07, E-Mail: alcalamedia@retemail.es
Wien: Publimedia Internationale Verlagsvertretungen GmbH, Tel. +43 1/21530, Fax 2121602,
E-Mail: ppn-vienna@publicitas.com
New York: The Russell Group Ltd., Tel. +12 12/213 11-55, Fax -60, E-Mail: info@russellgroupltd.com

Die Premium Magazin Gruppe im Jahreszeiten Verlag

A&W Architektur & Wohnen · COUNTRY · DER FEINSCHMECKER · WEIN Gourmet · MERIAN

Gülige Anzeigenpreisliste: Nr. 37d
Das vorliegende Heft Januar 2005 ist die 1. Nummer des 58. Jahrgangs. Preis im Abonnement im Inland monatlich 6,37€ inklusive Zustellung frei Haus. Der Bezugspreis enthält 7% Mehrwertsteuer. Auslandspreise auf Nachfrage. Postgirokonto Hamburg 132 58 42 01 (BLZ 200 100 20)
Commerzbank AG, Hamburg, Konto-Nr. 611657800 (BLZ 200 400 00)
Führen in Lesemappen nur mit Genehmigung des Verlages. Printed in Germany

Weitere Titel im Jahreszeiten Verlag: Für Sie, petra, vital, PRINZ, A&W Architektur & Wohnen, COUNTRY, DER FEINSCHMECKER, WEINGourmet, schöner reisen, ZuhauseWohnen, SelberMachen
Litho: Alphabeta Druckformdienst GmbH, Hamburg. Druck und Verarbeitung: heckel GmbH, Nürnberg, schlott Gruppe
ISBN: 3-7742-6830-4, ISSN 0026-0029 MERIAN (USPS No. 011-458) is published monthly. The subscription price for the USA is $ 110 per annum. K.O.P.: German Language Publications, Inc., 153 South Dean Street, Englewood NJ 07631. Periodicals postage is paid at Englewood NJ 07631, and at additional mailing offices. Postmaster: send address changes to: MERIAN, German Language Publications, Inc. 153 South Dean Street, Englewood NJ 07631.

JAHRES ZEITEN VERLAG
Ein Unternehmen der
GANSKE VERLAGSGRUPPE

Seit 1937 ist die Golden Gate Bridge das Wahrzeichen San Franciscos

Bildnachweis

Anordnung im Layout: o=oben, u=unten, r=rechts, l=links, m=Mitte. Titel: Photodisc/getty images; S. 3 ol Michael Müller, or Vera Hartmann, m Michael Detto, u Judka Strittmatter; S. 4 Berthold Steinhilber/Bilderberg; S. 4/5 Bill Ross/corbis; S. 5 ml Christian Heeb/laif, mr Hubmann/ Thomas-Mann-Archiv/ Keystone Schweiz, ul Gus Bradley/Alamy/ Strandperle, ur Patrick Frilet/Ag. Focus; S. 8 ol Stringer/Hulton/ Getty images, or corbis, u Stuart Westmorland/corbis; S. 10 o Markus Hanke/Visum, ur action press; S. 12/13 Giovanni Simeone/Ag. Huber; S. 14/15 Andrea Artz/laif; S. 16-18 o Jörg Modrow; S. 18 u G. Simeone/ ag. Huber; S. 19 o Ty Allison/getty images, u David Muench/ Corbis; S. 20/21 Ch. Heeb/laif; S. 22 o Galen Rowell/ corbis, u M. Hanke/Visum; S. 23-24 J. Modrow; S. 25 Ch. Heeb/laif; S. 26 J. Modrow; S. 28-32 Vera Hartmann; S. 34/35 J. Modrow; S. 35 Holly Harris/getty images; S. 36 l Kevin Winter/getty images, r Graft Berlin; S. 37 o cinetext, u Fred Prouser/ Reuters; S. 38/39 Craig Aurness/corbis; S.40 Viennaslide; S.41 Nik Wheeler/corbis; S. 42/43 J. Modrow; S. 44 D. Muench/ corbis; S. 45 o Mark Gibson/Avenue Images, u Morton Beebe/corbis; S. 47 Roland Gerth; S. 62-64r Norton Simon Museum; S. 64 l Henry Moore Foundation; S. 65 corbis; S. 66/67 Stephane Frances/ Hemisphère; S. 68 ol Conrad Piepenburg, or J. Modrow, u P. Frilet/Ag. Focus; S. 69 o Andrea Pistolesi, ul J. Modrow, ur P. Frilet; S. 70 J. Modrow; S. 70/71 Marco Paoluzzo; S. 71 ol J. Modrow, or C. Piepenburg/laif, u Justin Sullivan/getty images; S. 72-77 B. Steinhilber/Bilderberg; S. 78/79 Stephen Simpson/taxi/ getty images; S. 80 Jerry Alexander/ cephas/stockfood; S. 80/81 P. Frilet/Ag. Focus; S. 81 Andreas Sterzing/Jahreszeiten Verlag Synd.; S. 84-89 V. Hartmann; S. 94-95 D. Muench/corbis; S. 98 Artur Joseph/Th.-Mann-Archiv/ Keystone Schweiz; S 98/99 George Platt-Lynes/ Th.-Mann-Archiv/Keystone Schweiz; S. 99 Hubmann/Th.-Mann-Archiv/Keystone Schweiz; S. 101 G. Stringer/getty images; S. 102 AKG; S. 103 l Tilmann Krieg, r E. Hermann/AKG; S. 104-108 Thomas Kern; S. 110 Richard Price/taxi/getty images; S. 112 Martin Sasse/laif; S. 112/ 113 Walter Bibikow/Index Stock/Avenue Images; S. 114/115 J. Modrow; S. 116 C. Piepenburg/laif; S. 118 Holger Leue; S. 120 Greg Epperson; S. 122 l corbis, r dpa/picture-alliance; S. 126-129 von ol nach ur Marcio Jose Sanchez/AP, Mark E. Gibson/corbis, G. Simeone/Ag. Huber; J. Modrow, David Sanger/Alamy/ Strandperle, Hosking/corbis, J. Modrow, Ho/AFP/getty images, Tina Hager/Ag. Focus, Dr. Harten/Schapowalow, Ch. Heeb/ laif, Robert Marien/Index Stock/Avenue Images, J. Modrow; S. 130 o Toni Anzenberger/Anzenberger, ml Marc-Oliver Schulz, mr Joco Znidarsic

Karten: S. 46 u. S. 126-129 Hark Weidling; S. 70 MERIAN Kartographie

50 große Romane für nur je 4,90 Euro.
Gesamtpreis für alle 50 Bände: 196 Euro.

Mission Santa Barbara

Das Prunkstück der Missions-Architektur ist Santa Barbara, die „Queen of the Missions“

El Presidio c

Sakrales Dekor mit indianischem Einsch

NACH SPANISCHER FLÖTE

Aus Angst vor den Russen gründete die spanische Krone im 18. Jahrhunde

Der spanische Botschafter in Sankt Petersburg hatte als erster vor der russischen Gefahr an der Pazifikküste gewarnt. Forscher und Kaufleute zögen über die Beringstraße, und vor allem die Pelzhändler drängten auf der Suche nach Seeottern immer weiter gen Süden vor. Von Madrid bis Mexiko kam Nervosität auf. Die Russen in der Neuen Welt – für die Spanier ein Alptraum. Die Instruktionen, die König Carlos III. seinem Generalinspekteur für „Indien“, Gálvez, sandte, waren denn auch unmissverständlich. Die – bis dahin für wertlos gehaltenen – kalifornischen Lande seien wegen der russischen Bedrohung unverzüglich zu besetzen, die Indianer zwecks Schaffung von nützlichen Untertanen und Soldaten Ihrer Katholischen Majestät zu zivilisieren und zu christianisieren.

Das war die Stunde des Franziskanerpaters Junípero Serra aus Mallorca. Er sollte die Mission leiten, hatte er sich doch schon 18 Jahre lang in Mexiko und Baja California im Sinne der Kirche als Missionar hervorragend bewährt.

Statistisch gesehen ist es einfacher, auf einer Briefmarke abgebildet als selig gesprochen zu werden; Pater Serra gelang beides, und obendrein wird er in Washington als Gründer Kaliforniens verehrt. Im Kapitol steht seine Bronzestatue, das Kreuz in der einen, ein Modell der Missionskirche San Carlos de Borromeo zu Carmel on the Sea in der anderen Hand; dort fand er seine letzte Ruhe. Serras Grab bewacht ein Bär, doch der ist aus Stein und konnte nicht verhindern, dass Knochensplitter des Paters als Reliquien in Kapseln zu 500 Dollar gehandelt wurden, wie die *Los Angeles Times* berichtete. Ein Bär avancierte auch zum Wappentier Kaliforniens; das Fleisch des *Ursus horribilis* hat mehr als einmal die Missionare vor dem Hungertod bewahrt.

Dabei hatten die Patres ihr Werk durchaus nicht wie Hungerleider begonnen: Drei Schiffe voll mit Keksen, Kirchenglocken und Kanonen, mit Schweinen, Seife und Soutanen waren am 9. Januar 1769 von Baja California aus Richtung San Diego aufgebrochen, um Kalifornien zu zivilisieren.

Gálvez hatte eine feurige Abschiedsrede gehalten, hatte von Gott, vom König und von den Russen gesprochen. Doch die „San Antonio“ und die „San Carlos“ wurden zu Geisterschiffen. Von den 219 Mann Besatzung starben mehr als die Hälfte; der Rest war sterbenskrank. Das dritte Schiff, die „San José“, verschwand spurlos.

Die Gründung der ersten Missionsstation, die Errichtung des Kreuzes, beäugten die Indianer San Diegos aus sicherer Ferne: die Männer nackt, die Frauen mit über dem Busen baumelnden Kaninchenfellen. Dem einen oder anderen gelang es schon mal, mit unbeaufsichtigten Sachen zu verschwinden. Gottlob konnte der mit Serras Brille durchgebrannte Indianer wieder eingefangen werden, der nächste Optiker saß im mexikanischen Guadalajara, 2000 Kilometer entfernt. Den Indianern das siebte Gebot nahe zu bringen,

anta Barbara

Presidio von Santa Barbara

Mission San Juan Capistrano

Blühende Gärten und morbide Arkaden in der Mission San Juan Capistrano

TEXT: BRUNHILD SEELER HERZOG

irchen-Stützpunkte in Kalifornien. Die missionierten mit Macht und Musik

würde schwierig werden in dieser nomadisierenden Gesellschaft, die einen Unterschied zwischen Mein und Dein kaum kannte. Und die sich auch unter Ehebruch nichts vorstellen konnte. „Die Indianer kennen eine Art Ehe, doch nehmen sie es mit der Treue nicht so genau", grämte sich Francisco Palou, Serras späterer Biograph.

Die Rothäute staunten ihrerseits auch nicht wenig. Da landeten bleiche Wesen in schwimmenden Häusern, ritten auf Tieren, die sie nie zuvor gesehen hatten, und lebten ohne jede Frau. Die kalifornischen Indianer folgerten daraus, dass die Männer in den Kutten direkte Abkömmlinge ihrer Maultiere sein mussten. So wurde das Maultier das Maß fast aller Dinge.

Im Abstand von jeweils einem Tagesritt und unter Geleitschutz von Soldaten gründeten die Patres zwischen 1767 und 1821 von San Diego im Süden bis San Rafael im Norden einen Kranz von Missionen, darunter Santa Barbara und San Francisco, und stießen dabei auf völlig heterogene Stämme. Waren die Indianer bei San Diego wild und lebten in primitiven Hütten, kannten die Cumash bei Santa Barbara schon so etwas wie Betten, und ihre kunstvoll gemusterten Körbe waren so fein geflochten, dass man sogar Wasser darin transportieren konnte. Während sie glaubten, der Kondor trage die Seele der Toten in den Himmel, war es bei anderen Stämmen tabu, den Tod auch nur zu erwähnen. Wie also, um Himmels Willen, mit der Missionierung beginnen?

Am Anfang war das Wort, sagten sich die Patres und übten sich nach Überreichung von Tand und Nützlichem in Verständigung mit den Kindern. Die sollten wegen ihrer schnellen Auffassungsgabe als Dolmetscher dienen. Kein einfaches Unterfangen bei Idiomen, die kein Vokabular kannten für die abstrakte Begriffswelt der Kirche, für Dinge, die man nicht sehen, hören, anfassen oder schmecken konnte.

Doch die Indianer lernten. Unter der Aufsicht der Patres entstanden Staudämme und Kanäle, man säuberte Felder, rodete, pflanzte. Sogar Tabak, wie Serra seinem Vizekönig verschämt beichtete, denn damit umgingen die Missionare ein königliches Monopol. Sie gerbten Häute, zogen Kerzen, mahlten Weizen, backten Brot, und sie halfen Wohnhäuser, Werkstätten und Stallungen zu bauen.

Heute sind daraus Museen geworden, und die liebevoll zusammengetragenen Exponate zeigen, wie man sich das Leben in jenen Missionen vorzustellen hat, die aus dem Nichts gestampft wurden, indem man die Indianer zunächst Lehm stampfen ließ. Die schlichte, würdevolle Schönheit der Bauwerke, gleichsam das Markenzeichen der kalifornischen Missionen, war aus der Not geboren. Weit ausladende Dächer bewahrten die Adobemauern davor, sich bei Regen in Wohlgefallen aufzulösen. Doch aus Adobe ließen sich nur schwer Glockentürme bauen, also erfand man jene trutzig breiten Wände, in die die meist aus Mexiko herbeigeschafften Glocken eingelassen wurden.

Indianer wirkten auch an der Innengestaltung der Kirchen mit. Nach mexikanischen und europäischen Vorlagen entstanden einzigartige Gemälde, deren aus Wildblumen und Olivenöl gemischte Farben haltbarer waren als die spanischen. Da es zunächst weder Steinschneider noch Skulpteure gab, musste das typische Beiwerk typischer Kirchen eben gemalt werden. Im besten Trompe-l'œil-Effekt wurden Säulen, Pilaster und Marmorimitationen auf die Wand gepinselt, in den kräftigen und hellen Farben wie die Indianer sie liebten: resedagrün, himmelblau, bonbonrosa, angerührt mit Kakteensaft. Direkt auf der Kirchenwand prangen hier und dort auch Partituren, für den Musikunterricht.

Musik hatte auf die Ureinwohner eine geradezu hypnotische Wirkung. Um seinen Schülern die Flötentöne beibringen zu können, fabrizierte Pater Durán ein solches Instrument aus einem Gewehrlauf. Von da bis zum eigenen Missionsorchester war es ein weiter Weg. 27 Jahre lang lehrte Durán Lieder und Choräle, kolorierte Noten, so dass jeder Sänger jeweils nur auf die Farben seiner Partien zu achten hatte. Der absolute Clou war eine Drehorgel, der man nicht nur sakrales Liedgut entlocken konnte. Ein Lieblingssong der Indianer war „Go to Hell". Eben das musste sich Pater Durán gesagt haben, als er bei einem Überfall feindlicher Indianer geistesgegenwärtig drauflos geleiert und sie mit diesem unchristlichen Lied so in den Bann geschlagen haben soll, dass sie sich auf der Stelle taufen lassen und in der Mission bleiben wollten.

Doch ganz so einfach war das nicht. Denn vor der Taufe wurden alle Heiden in der katholischen Lehre unterwiesen, und wer sich dann für ein Leben in der Mission entschied, musste für immer dort bleiben. Wer weglief, wurde wieder eingefangen und ausgepeitscht. Vor Ankunft der Missionare gab es etwa 300000 Ureinwohner in Kalifornien, etwa 83000 wurden bekehrt. Um 1834 zählte man noch etwa 20000 Indianer im Westen der Neuen Welt. In den Missionen lebten in ihrer Blütezeit mehr als 1000 „bekehrte Wilde". Nach der Säkularisierung 1834 fielen die meisten in ihre alte Lebensweise zurück, dennoch blieben sie nicht von der Zivilisation und ihren Folgen verschont, häufig tricksten gerissene Grundstückshändler sie schamlos aus. Die Missionskirchen wurden verkauft, endeten als Agentur für Nähmaschinen, als Saloon oder als Schweinestall.

Heute träumen die Missionen, oder was von ihnen wieder aufgebaut und originalgetreu restauriert wurde, vor sich hin: San Antonio de Padua in bukolischen Eichenhainen, San Fernando bei L.A. in der Nähe nicht endender Freeways, San Buenaventura an belebten Geschäftsstraßen oder San Juan Bautista in seinem Bretterstädtchen, das geradewegs für den nächsten Wildwestfilm ausstaffiert scheint – Inseln der Beschaulichkeit inmitten des busy Golden State.

Und nicht weit von der idyllischen Mission La Purísima steht die Air Force Base Vandenberg, eine Abschussanlage für Raketen. Die Russen in der Neuen Welt – das war einst nicht nur ein Alptraum der Spanier gewesen. □

Brunhild Seeler-Herzog *lebt als literarische Übersetzerin und Autorin auf Mallorca und schreibt für deutschsprachige Medien.*

MERIAN | TIPP Die kalifornischen Missionen

(D/14) **San Diego de Alcala'**
Gegründet am 16. Juli 1769.
als erste Mission in Kalifornien.
10818 San Diego Mission Rd., San Diego

(D 13) **San Juan Capistrano**
Siebte Mission (1776). Im Zentrum von San Juan Capistrano.

(C 11) **San Buenaventura**
Gründung von 1782.
211 E Main Street, Ventura

(C 11) **Santa Barbara Mission**
Sie gilt als die „Königin" aller Missionen (1786).
2201 Laguna St., Santa Barbara

(B 11) **La Purísima Concepcion**
Die 11. Mission (1787) ist die einzige fast ganz restaurierte Kirchenanlage Kaliforniens.
2295 Purisima Road, Lompoc

(B 9/10) **San Miguel Arcangel**
Gründung von 1797.
775 Mission Street, San Miguel

(B 9) **San Antonio de Padua**
Gründung von 1771 auf dem Areal des Fort Hunter Liggett, 5 Meilen westl. von Jolon abseits des Highway G 18.

(A 8) **San Carlos Borromeo de Carmelo**
Gründung von 1770.
3080 Rio Road, Carmel

(B 8) **San Juan Bautista**
Gründung von 1797.
2nd Street/Mariposa Street
San Juan Bautista

(A 6) **San Francisco de Asis**
Gründung von 1776, das älteste Gebäude der Stadt.
3321 16th St. San Francisco

(D 13) **San Luis Rey de Francia**
Gründung von 1798.
4050 Mission Ave., Oceanside

(D 12) **San Gabriel Arcangel**
Gründung von 1771.
428 S. Mission Dr., San Gabriel

(D 12) **San Fernando Rey de Espana**
Gründung von 1797
15151 San Fernando Mission Blvd., Mission Hills

(B 7/8) **Santa Clara de Asis**
Gründung von 1777
Auf dem Gelände der Santa-Clara-Universität, 500 El Camino Real, Santa Clara

(B 10) **San Luis Obispo de Tolosa**
Gründung von 1772.
782 Monterey, San Luis Obispo

(B 11) **Santa Ines**
Gründung von 1804
1760 Mission Dr., Solvang

(B 9) **Nuestra Senora de la Soledad**
Gründung von 1791
36641 Fort Romie Rd., Soledad

(A 8) **Santa Cruz**
Gründung von 1791
130 Emmet St., Santa Cruz

(B 7) **San Jose**
Gründung von 1797
43300 Mission Blvd., Fremont

(A 7) **San Rafael Arcangel**
Gründung von 1817
1104 5th Ave., San Rafael

(A/B 6) **San Francisco Solano**
Gründung von 1823
114 E. Spain Street, Sonoma

Das Exil im Paradies

Deutsche Emigranten in Kalifornien

Sie waren das intellektuelle Gewissen Deutschlands. Sie mussten vor dem Nationalsozialismus flüchten. Sie kamen nach Kalifornien. Sie hatten Glück im Unglück. Und waren doch vom Unglück im Glück erfüllt

Text: Henryk M. Broder

„Wo ich bin, da ist Deutschland", befand Thomas Mann mit der ihm eigenen Souveränität. Nicht jeder Flüchtling konnte so ein Selbstbewusstsein zur Schau tragen wie der „König der Emigranten". Links Manns Domizil am San Remo Drive in Los Angeles, rechts der Nobelpreisträger beim Tee mit seiner Frau Katja und seiner Tochter Erika

Reinhard Prinz, den seine Freunde „Ray" nennen, schaut sich im Saal um, greift nach dem Mikrofon und fragt: „Wer von euch war schon bei der Gründung unseres Clubs dabei?" Drei, vier, fünf Arme gehen langsam in die Höhe. Applaus rauscht ihnen entgegen.

Es sind die Ältesten unter den Gästen, die sich zu Wort melden, alle um die 90 und in erstaunlich guter Verfassung. Als der Jewish Club of 1933 gegründet wurde, waren sie junge Frauen und Männer, die es geschafft hatten, rechtzeitig aus Deutschland nach Amerika zu kommen. Manche kamen allein, manche mit ihren Eltern, aber alle mit leeren Taschen und großen Erwartungen.

Nun sitzen sie mit ihren Kindern und Enkeln im großen Saal des „Sinai Temple" am Wilshire Boulevard in L.A. und feiern das siebzigjährige Bestehen des Jewish Club, der 1933/34 als Selbsthilfeorganisation von jüdischen Einwanderern für jüdische Einwanderer gegründet wurde. Es gibt eine „Mushroom Barley-Suppe" und gemischten grünen Salat, danach wahlweise Lachs in Dillsauce, gefüllte Hühnerbrust oder Pasta mit Gemüse, zum Nachtisch Schokokuchen mit Eis, Kaffee und Tee und zwischen den Gängen Ansprachen, Erinnerungen und Grußbotschaften – wie bei runden Geburtstagen üblich.

Die Angehörigen und Unterstützer des Jewish Club of 1933 kommen nur noch zweimal im Jahr zusammen. Einmal zu einem Brunch und einmal zu einem „Kaffeeklatsch". Und alles, was sie heute noch für die Einwanderer tun können, ist Geld für das Jewish Home of the Aging zu sammeln, wie das jüdische Altersheim offiziell heißt.

Natürlich könnte auch Konrad Kellen einen Platz im Altersheim bekommen, aber er zieht es vor, mit seiner Frau Patricia und seinen zwei Terriern Enzo und Tizian in einem geräumigen Haus in den Pacific Palisades zu leben, mit einem Blick über die Bucht von Santa Monica. Auf die Frage nach seinem Alter sagt er: „Ich weiß nicht mehr, wann ich geboren wurde, aber ich weiß, es war kurz vor dem Ausbruch des ersten Krieges."

Konrad Kellen wurde 1913 in Berlin geboren, als Konrad Katzenellenbogen, Sohn eines Unternehmers, der auch an der Schultheiß-Brauerei beteiligt war. Er besuchte das Französische Gymnasium bis zum Abitur, fing kurz ein Jura-Studium an und verließ Deutschland gleich nach der Machtergreifung der Nazis. „Ich war einer der wenigen, die von den Nazis nicht überrascht waren, mir war klar: die bleiben." 1935 traf er in Amerika ein, änderte seinen Namen in Kellen und nahm die amerikanische Staatsbürgerschaft an. In Los Angeles, wo er – „ich weiß nicht mehr, wann es war" – ankam, lernte er zuerst Erika und Klaus Mann kennen, dann auch Thomas Mann und war von 1941 bis 1943 dessen Privatsekretär. „Meine Aufgabe war es, seine Manuskripte abzuschreiben, seine Schrift war unleserlich, aber ich konnte sie entziffern." Er wurde eingezogen, reiste mit der Army nach Europa und half bei der Entnazifizierung mit. Zurück in den USA, arbeitete er bei „einer großen US-Firma" (es war die Rand-Corporation) als Researcher und schrieb mehrere Bücher, darunter seine „Erinnerungen an Deutschland" und eines über „Woman Power".

Nun sitzt Konrad Kellen an seinem Schreibtisch – links eine alte Olivetti Lettera 35, rechts ein Brother Intellifax – und versucht, sich zu erinnern. 1954 habe er Thomas Mann „zum letzten Mal gesehen", in der Schweiz. In Los Angeles sei er jeden zweiten Tag bei Mann gewesen. „Er war der König der Emigranten, wurde von allen verehrt, auch von den Amerikanern. Er hat die deutsche Sprache geliebt, bis zu seinem Tode. Mann war der Gegenpol zu Hitler, er war der gute Deutsche. Mit mir hat er über alles gesprochen." – Auch über Politik?

„Ja, auch über Politik, aber ich weiß nicht mehr, was es war." Thomas Mann „hat sich über alles lustig gemacht, aber nur im kleinen Kreis", er habe „Amerika sehr bewundert und gut Englisch gesprochen". In seinem Haus habe er „Hof gehalten, aber das war nicht seine Idee, die anderen haben ihn dazu gebracht". Und immer wieder erklärt Kellen, wie wichtig die deutsche Sprache für Mann war. „So etwas wie der Heilige Gral." Das Verhältnis zu Heinrich sei eher kühl gewesen. „Herzlich waren die beiden nicht miteinander." Die Erinnerungen sind verblasst, es ist alles lange her. „Wissen Sie, ich hab's noch im Kopf, aber ich kann's nicht mehr sagen. Das tut mir in der Seele weh."

Im Bücherregal hinter Kellens Schreibtisch stehen Oscar Wildes „Sämtliche Werke", eine 40-bändige Shakespeare-Ausgabe und natürlich die „Tagebücher" von Thomas Mann. Daneben eine Sammlung von Spielzeugautos. Konrad Kellen geht kaum noch aus dem Haus. Ab und zu kommen Besucher, die ihn über Thomas Mann befragen. Und wie das Leben der deutschen Emigranten in Los Angeles war, vor 60 Jahren. Zum Abschied sagt Kellen: „Sie haben ein paar Mal gelächelt, das hat mir gefallen."

Randy Young, vor 51 Jahren in L.A. geboren, kennt fast jedes Haus zwischen Hollywood, Santa Monica und Pacific Palisades. Das war die Gegend, in der viele der deutschen Emigranten gelebt haben: Theodor Adorno und Bertolt Brecht, Hanns Eisler und Max Horkeimer, Otto Klemperer und Max Reinhardt, Thomas und Heinrich Mann, Arnold Schönberg und Ernst Toch, Bruno Walter und Franz Werfel, Vicki Baum und Salka Viertel. „Dank Hitler erlebte Los Angeles ein intellektuelles Goldenes Zeitalter", schreibt der New Yorker Autor und Exilforscher Lawrence Weschler, Enkel des Komponisten Ernst Toch. Zu den Ritualen jener Tage gehörte auch der Sunday-Brunch im Haus von Salka Viertel. „Dabei konnte man Thomas Mann, Arnold Schönberg und Bertolt Brecht treffen, die neben Johnny Weissmüller standen und Orangensaft tranken." „Das war vor meiner Zeit", sagt Randy, „aber das Haus steht noch". Wir fahren mit Randy durch den Santa Monica Canyon in die Mabery Road. Das Haus mit der Nummer 165 ist im „English-Manor"-Stil gebaut, zugewachsen von Magnolien- und Zitronenbäumen. „Und dort, auf dem Hügel gegenüber, hat Christopher Isherwood gewohnt." Dann rollen wir über den San Vincente Boulevard, auf dem bis in die fünfziger Jahre eine Straßenbahn („Red Car Line") fuhr, bis zur 26. Straße.

MERIAN | INFO

Die Villa Aurora (Feuchtwanger-Haus)
520 Paseo Miramar, Pacific Palisades, California 90272. In der Villa finden wechselnde kulturelle Veranstaltungen statt. Programm unter www.villa-aurora.org

Bücher zum Thema
- Spaziergänge durch das Hollywood der Emigranten; Schnauber, Cornelius, Arche
- Nur eine Frau, Jahre – Tage – Stunden; Feuchtwanger, Marta; Langen/Müller
- Exiled in Paradise; Heilbut, Anthony; University of California Press

Haus Nummer 1063 war mal „Brechts zweites Haus in Santa Monica", in dem er bis zu seiner Rückkehr nach Deutschland lebte. Es ist sehr unspektakulär, wie von Kinderhand entworfen. „Box Style", sagt Randy und steuert seinen Jeep Richtung Brentwood. Wir kreuzen den Sunset-Boulevard und passieren den Bristol Circle. 116 North Rockingham ist eine Villa im „Mediterranean Style", groß und dekorativ. Hier hat Arnold Schönberg gelebt, jetzt wohnt ein Sohn des Komponisten in dem Haus, ein pensionierter Richter.

Um die Ecke steht das Haus von O.J. Simpson, das heißt, da stand es mal, bevor es von einem Banker gekauft und abgerissen wurde. Nun wird an derselben Stelle ein Megahaus gebaut, ein „Ego-Mansion", sagt Randy, der die neuen Reichen nicht mag „Viel Geld, wenig Geschmack."

Wir steuern zurück zum Sunset, vorbei am Lucca Drive und Monaco Drive in eine Gegend, die „The Riviera" heißt. 1550 San Remo Drive ist ein zweistöckiges Haus hinter Feigenbäumen, von dem man nur eine Ecke sehen kann: Thomas Manns Domizil. Hier hat er unter anderem „Joseph, der Ernährer" geschrieben. Was für ein Gefühl muß es sein, in einem Haus zu leben, in dem ein so großer Geist gewirkt hat?

Wir bleiben an der „Riviera", halten vor 689 Amalfi Drive. Ein Flachbau, von der Straße nicht einzusehen, das Haus von Hanns Eisler. Fünf Adressen von Hunderten, fünf Häuser, fünf Schicksale. Salka Viertel und Thomas Mann gingen nach dem Krieg in die Schweiz, Brecht und Eisler nach Berlin, Hauptstadt der DDR, Schönberg blieb und starb in L.A. – wie Heinrich Mann, Vicki Baum, Ernst Toch, Bruno Walter und Franz Werfel. Warum aber sind sie alle nach Kalifornien gekommen? „Schwer zu sagen", sagt Randy, „vielleicht haben sie sich gesagt: Wenn wir schon gehen müssen, dann so weit weg wie nur möglich". Es gab aber auch praktische Gründe. „Kalifornien war preiswert, man brauchte nicht viel zum Leben. Außerdem herrschte hier eine Freiheit wie sonst nirgendwo in Amerika, fast anarchische Zustände. Und die Sonne schien jeden Tag."

Aber genau das waren manche nicht gewohnt und klagten über ein Zuviel des Guten und Schönen. Der Begriff „Reizüberflutung" war noch nicht erfunden, entfaltete aber schon seine Wirkung. Thomas Mann schrieb einem Freund, der Oleander würde wunderbar blühen, er habe nur den Verdacht, er könnte dies das ganze Jahr über tun. Brecht fand in seinem Garten immer nur sattes Grün, Hannah Arendt teilte ihrem Mann nach einem Besuch in Kalfornien mit, das Klima könnte einen „meschugge" machen, und Toscanini beschrieb Kalifornien als „Italien ohne Seele".

Der Historiker Anthony Heilbut hat sein Buch über die emigrierten deutschen Künstler und Intellektuellen in Amerika „Exiled in Paradise" betitelt und damit sowohl deren Lage wie auch die Selbstwahrnehmung genau getroffen. Sie hatten Glück im Unglück gehabt und waren doch vom Unglück im Glück erfüllt.

„Niemand war wirklich glücklich", sagt Marta Feuchtwanger, die Frau von Lion Feuchtanger, in einem langen Gespräch mit Lawrence Weschler, „wir wussten, was in Europa passierte, was mit den Juden geschah…, also konnte niemand glücklich sein. Wir haben uns bemüht, zu vergessen, und manchmal haben wir es auch geschafft. Da war die wunderbare Landschaft und das Klima, das waren wir von Deutschland nicht gewohnt. Aber jeder hatte auf irgendeine Art Heimweh, nicht den Wunsch zurückzugehen, sondern Heimweh nach dem, was einmal war, was wir zurückgelassen haben und das nicht wieder kommen würde. Die meisten waren pessimistisch. Vielleicht war mein Mann derjenige von allen, der am wenigsten pessimistisch eingestellt war."

Was sicher auch damit zu tun hatte, dass Feuchtwanger („Jud Süß", „Erfolg", „Die Geschwister Oppermann") einer der beliebtesten und erfolgreichsten Schriftsteller seiner Zeit war und von seiner Arbeit überall leben konnte. Im Gegensatz zu den meisten Emigranten hatte er wenigstens keine materiellen Sorgen. Vielleicht war es kein Heimweh, das er empfand, aber „zu Hause", im einfachen und ursprünglichen Sinne des Wortes, fühlte er sich an der pazifischen „Riviera" nicht. Während Thomas Mann souverän und ein wenig leichtfertig verkündete: „Wo ich bin, da ist Deutschland", war sich Feuchtwanger seiner Lage eher bewußt: „Ich bin ein deutscher Schriftsteller, mein Herz schlägt jüdisch, mein Denken gehört der Welt."

Lion Feuchtwanger, 1884 in München geboren, war kein religiöser, aber ein sehr bewusster Jude. Er schrieb in klassischer Manier große historische Romane aus jüdischer Geschichte und Gegenwart. Der promovierte Germanist hatte eine der größten privaten Büchersammlungen seiner Zeit, über 30 000 Bände, die er als Quellen für seine Arbeiten nutzte. Feuchtwanger war ein Vielschreiber, aber noch mehr war er ein Vielleser.

1925 zog der Dichter mit seiner Frau Marta aus dem NS-kontaminierten München nach Berlin, 1932 kehrten beide von einer USA-Lesereise nicht nach Deutschland zurück, sie gingen nach Sanary in Südfrankreich, wo sie 1940 von den Franzosen als „feindliche Ausländer" interniert und nur nach Intervention einflussreicher Freunde freigelassen wurden. In Lissabon nahmen sie ein Schiff nach New York und kamen schließlich 1941 in Los Angeles an.

Hier kauften sie, damals weit außerhalb der Stadt, ein geräumiges Haus, das Ende der zwanziger Jahre in den Hügeln von Pacific Palisades als „Musterhaus" gebaut worden war, um Interessenten in die öde Gegend zu locken. Die Villa im „Spanish Revival Style", angeblich einem spanischen Schloss nachgebaut, kostete 9000 Dollar, was nicht viel war, aber immerhin so viel, wie ein Professor in zwei Jahren verdiente. Hier hat Feuchtwanger bis zu seinem Tod im Jahre 1958 gewohnt und gearbeitet, ein Exilant im Paradies. Seine Frau Marta lebte bis 1987 und verwaltete sein Erbe, dann fiel es, wie schon von Feuchtwanger verfügt, an die University of Southern California; das Haus und die Einrichtung, die Bilbliothek mit den 30 000 Bänden,

Der Schriftsteller Franz Werfel und seine Frau Albine mit ihrem B-44 Oldsmobile in der Einfahrt ihres Hauses in Beverly Hills. Werfel erkrankte in der Fremde und starb am 26. August 1945 im kalifornischen Exil

„Das Klima kann meschugge machen"

„Niemand war wirklich glücklich“

Bertold Brecht kam 1941 aus dem Westen nach Kalifornien. Mit der Transsibirischen Eisenbahn durchquerte er die Sowjetunion und erreichte sein neues Domizil in Santa Monica von Wladiwostok aus per Schiffspassage. In den USA sah er sich bald als „Lehrer ohne Schüler“, da die Amerikaner sich nicht sonderlich für seine Stücke interessierten

die Korrespondenz, die Manuskripte – einfach alles. Die private USC nahm das Geschenk gerne an und richtete eine „Feuchtwanger Memorial Library“ ein, nur mit dem Haus konnte sie wenig anfangen. Es drohte den Hang abzurutschen, musste dringend stabilisiert und restauriert werden. Höchstwahrscheinlich wäre es verkauft und abgerissen worden, um Platz für einen profitablen Neubau zu schaffen, denn Pacific Palisades war inzwischen eine gute Adresse geworden und nicht mehr weit weg von Los Angeles sondern mittendrin.

Ende der achtziger Jahre etablierte sich der „Kreis der Freunde und Förderer der Villa Aurora e.V.“ als eine gemeinnützige transatlantische Organisation. Mit Lotto-Mitteln wurde die Villa von der USC zurückgekauft und instandgesetzt. Ende 1995 kam wieder Leben in das alte Haus, die Villa Aurora wurde neu eröffnet, als Kulturzentrum und temporäre Arbeitsstätte für Stipendiaten: Schriftsteller, Musiker, Komponisten, Filmemacher, Fotografen, eine Villa Massimo am Pazifik. Es ist das einzige Emigranten-Haus in L.A., das authentisch erhalten geblieben und öffentlich zugänglich ist, kein Museum, aber eine deutsche „Hall of Fame“ oder auch „Hall of Shame“ des Geistes.

Wer zum ersten Mal die Villa Aurora betritt, weiß nicht, ob er begeistert oder erschüttert sein soll. Diese Lage! Dieser Ausblick! Diese Atmosphäre! Es ist die Mischung aus Charme und Schauer, wie sie viele historische Orte ausstrahlen, das Anne Frank Haus in Amsterdam, das Geburtshaus von Karl Marx in Trier, das Arbeitszimmer von Sigmund Freud in Wien, die Wannsee-Villa in Berlin. Es mag Kultur-Fetischismus sein, aber der Tisch, an dem Feuchtwanger schrieb, hat doch einen anderen Symbolwert als ein Möbel aus dem Ikea-Katalog.

Das Erste, das dem Besucher auffällt, ist ein kleiner verglaster Schrein, eine Vitrine mit Feuchtwanger-Memorabilia. In der Mitte ein Schreibtischset mit Papierschere und Briefmesser, ein Tintenfaß, eine Tischuhr. Ganz unten, dem Blick fast entzogen, die Medaille zum Nationalpreis Erster Klasse der DDR, die Feuchtwanger 1953 verliehen wurde und gleich daneben, in friedlicher Koexistenz, das Große Bundesverdienstkreuz, mit dem Marta Feuchtwanger 1966 geehrt wurde.

Nebenan, im Kaminzimmer, in dem heute Konzerte und Lesungen stattfinden, traf sich die Welt. Hier hat Feuchtwanger aus seinen Büchern vorgelesen, und Bertolt Brecht, Vicky Baum, Heinrich und Thomas Mann, Ludwig Marcuse und Franz Werfel hörten ihm zu. Zum Nachmittagstee waren Charles Chaplin und seine Frau Oona eingeladen, der Filmproduzent William Dieterle mit seiner Frau Charlotte, Hanns und Lou Eisler, Arnold und Gertrude Schönberg und Peter Lorre. Charles Laughton las im Garten aus Shakespeares Werken vor.

Etwa 22 000 Bücher stehen in der Villa Aurora, geordnet und katalogisiert, weitere 8000 in der Feuchtwanger Memorial Library in der USC. Es ist die gleiche Bibliothek, die Feuchtwanger in Berlin zurücklassen musste, er hat sie in den USA neu zusammengekauft. Die Sammlung gibt Auskunft, womit sich ein deutscher Schriftsteller, dessen Herz jüdisch schlug und dessen Denken der Welt gehörte, im Exil beschärfigte. Tacitus' „Historien und Annalen“; „Grundriss der Germanischen Philologie“; „Grimm's Deutsches Wörterbuch“, „Weltgeschichte des jüdischen Volkes“ von Simon Dubnow, die „Works of Francis Bacon“, „Die Abenteuer des braven Soldaten Schwejk“, Freud, Spinoza, Nietzsche, George Elliott und Jane Austen.

„Ich bin ein deutscher Schriftsteller, mein Herz schlägt jüdisch, mein Denken gehört der Welt", umschrieb Lion Feuchtwanger seine Lage im Exil. Der auch in den USA erfolgreiche Schriftsteller lebte in der Villa Aurora (unten sein Arbeitszimmer) in Pacific Palisades. Das Haus ist heute eine kulturelle Begegnungsstätte mit vielen Feuchtwanger-Devotionalien

Die Sammlung ist so atemberaubend wie der Blick aus der Bibliothek über die Bucht.

Was aber machte der Mann, wenn er nicht las oder schrieb? Kann sein, dass er ganz banalen Vergnügungen nachging. Nach der Renovierung der Villa wurde im Raum hinter der Orgel ein Dartboard gefunden, beidseitig bemalt. Die eine Seite zeigt Hitler in Uniform, die andere den Führer zivil. Das Board muss fleißig benutzt worden sein, es ist voller Einstiche. Haben Feuchtwanger und seine Gäste nach den Lesungen mit kleinen Pfeilen auf den Führer gezielt? „Wir wissen es nicht", sagt Claudia Gordon, die seit September 2002 die Villa Aurora führt, „möglich wäre es, aber es gibt darüber keine Aufzeichnungen."

Was es wohl gibt, sind zeitgenössische Berichte über die Soirees bei den Feuchtwangers. Victoria Wolf, selbst eine Emigrantin, hat im Züricher *Tagesanzeiger* über eine Lesung „aus seinem damals im Entstehen begriffenen Roman „Die Jüdin von Toledo" geschrieben. Die Gäste sind „pünktlich für 8.30 Uhr abends eingeladen", um 8.40 werden „die Tore geschlossen". Die Räume scheinen „möbliert mit Büchern", in einem Zimmer „stehen nur Werke englischer Autoren des 18. Jahrhunderts, in einem anderen nur solche deutscher Autoren, moderne und ältere". Feuchtwangers legten großen Wert auf Etikette. „Als alle Gäste, ungefähr 40, anwesend waren – keiner hatte es gewagt, unpünktlich zu sein – ging man gemeinsam hinauf ins Arbeitszimmer, wo in einer Ecke ein Lesepult stand, von zwei Stehlampen beleuchtet, und zu beiden Seiten des beneidenswert aufgeräumten Schreibtisches Stuhlreihen aufgestellt waren..."

Nach der Lesung beantwortete Feuchtwanger Fragen, zum Beispiel die, ob er solche Worte wie „Gebäu" und „Geträum" selbst kreiert habe. Worauf er auf das Wörterbuch der Gebrüder Grimm zeigte und sagte: „Dort ist's drin! Schauen Sie nach!"

Dann ging die Gesellschaft runter ins Speisezimmer, wo ein Buffet vorbereitet war. „Die dunkelhaarige Frau Marta, die in ihrer aparten Kleidung aussieht wie eine Azteken-Prinzessin, ist in Wirklichkeit eine prächtige Münchnerin. Ihr Hühnersalat und ihr Apfelstrudel trugen demgemäß auch den Stempel der Authentizität."

Das war im Jahre 1957, ein Jahr vor Feuchtwangers Tod und fünf Jahre nachdem Thomas Mann Los Angeles wieder in Richtung Schweiz verlassen hatte. Heute, ein halbes Jahrhundert später, streiten sich die Gelehrten darüber, ob das Exil ein Fluch oder ein Segen war, ob es die intellektuelle Leistung angeregt oder behindert hat. Über die Frage, warum Thomas Mann nach Europa zurückging und Albert Einstein in den USA blieb, werden Symposien veranstaltet und Doktorarbeiten geschrieben. Eine Antwort gibt es nicht.

Und wenn, dann nur in der Form einer unter Emigranten beliebten Anekdote: Zwei alte Freunde treffen sich auf hoher See. Der eine fährt mit einem Schiff von Europa nach Amerika, der andere von Amerika nach Europa. Als die Schiffe einander passieren, winken sich die Freunde zu und rufen gleichzeitig: „Bist du denn verrückt geworden!" □

Henryk M. Broder, *geb. 1946 in Katowice (Polen), lebt in Berlin und arbeitet u. a. für den* Spiegel *und* Spiegel online.

Text: Milena Moser
Fotos: Thomas Kern

Nördlich von San Francisco wird die Küste rauer und einsamer. Dort leben Hippies, Aussteiger und Exzentriker ihren Traum vom anderen Leben. Damit man sie nicht findet, schrauben sie immer wieder die Straßenschilder ab

Stille Tage in Bolinas

Blumenkinder: Beim Erntefest auf der OZ Farm, einem Bio-Hof in Mendocino County, feiern die Bewohner ganz im Stil der späten sechziger Jahre

Der Strand südlich von Bolinas an der Spitze der Halbinsel Point Rayes. Kurz über lang wird das versteckte Paradies eine Wochenendenklave der Reichen sein

Jahrzehntealtes öffentliches Poesiealbum: Wer immer will, darf seine Gedichte an der Poet's Wall in Bolinas verewigen

Neben den größten Kürbissen werden beim Erntefest in Anderson Valley auch Fotografien, Gedichte und Bücher prämiiert

Smiley's Bar in Bolinas ist eines der ältesten Lokale Kaliforniens und längst auch Treffpunkt der alternativen Künstlerszene

Ryan Magee an der Salatschleuder. Auch auf der Old Mill Farm bei Mendocino gibt es eingefleischte Vegetarier und Alternative

Alles, was nicht Poesie ist, wird entfernt

Rast am Fass: Auf dem Biobauernhof OZ Farm wird Gesundes hauptsächlich für den Eigenbedarf produziert

Auf dem Erntefest in Anderson Valley präsentiert dieses junge Mädchen voller Stolz ein selbst aufgezogenes Kalb

nicht alle Straßen führen nach Bolinas. Eigentlich nur eine, und wenn es nach den knapp 900 Bewohnern dieses kleinen, unbeugsamen Asterix-Dorfes ginge, sogar gar keine. Seit mehr als 30 Jahren schrauben sie unbeirrt jedes neu angebrachte Straßenschild wieder ab. Irgenwann haben die Behörden aufgegeben: die T-Gabelung am berühmten Küsten-Highway 1, kurz hinter Stinson Beach, ist schilderlos.

Ein Dichtergetto oder eine Irrenanstalt, die von den Insassen geleitet wird

Morgens um zehn scheppern schon die „Greatful Dead" aus Smiley's Saloon, einem der ältesten Kaliforniens, established in 1851. Das Coast Café gegenüber hat noch geschlossen, aber am Stand wird Espresso ausgeschenkt. Die mehrfach gepiercte Kellnerin erzählt, dass es heute schon Zoff gab, einer der ins Straßenbild integrierten Obdachlosen wollte nicht glauben, dass der Tankwart kein Gras verkauft.

Zwei ältere Künstler in Arbeiterstiefeln (oder Arbeiter mit Künstlerschals) treten aus dem Smiley's, um eine zu rauchen. Bolinas ist nicht eingemeindet, aber die drakonischen kalifornischen Anti-Raucher-Gesetze werden auch hier konsequent eingehalten. Gleich neben dem Coast Café steht ein öffentlicher Gebetsschrein, gespickt mit herzzerreißenden Bitten auf knallrosa Post-it-Zetteln. *„Let the reunion with my mother be peaceful."*

Zwei Häuser weiter trifft sich der „Mob", *Mainstreet mothers opposing Bush*, zum Briefeschreiben und Schmuckbasteln. Dazwischen ein leeres Grundstück, Bill's Garden, ein trockener Flecken Gras, den die Gemeinde zum Andenken an den obdachlosen Bill Spessard gekauft hat, einen früheren Schauspieler, der in seinen letzten Jahren da kampiert hat.

Bolinas hängt an der Südspitze der Point Reyes-Halbinsel, westlich der Andreas-Spalte, als könnte es jederzeit ins Meer fallen. In den fünfziger Jahren zogen die ersten Beat-Poeten in das Fischer- und Holzfällerdorf. Hippies und Biobauern folgten. Anfang der siebziger Jahre war Bolinas zum „wahren Dichter-Getto" geworden. Oder, wie es ein Politiker ausdrückte: „eine Irrenanstalt, die von den Insassen geleitet wird."

Immer noch ist eine Mauer am Strand für Gedichte reserviert. „Alles, was nicht Poesie ist, wird entfernt", warnt die inoffizielle Literaturpolizei an der Poet's Wall.

1971 riss eine Ölpest die Einwohner aus ihren Träumen – sie gründeten den Bolinas Public Utilities District (BPUD), der einem Gemeinderat nahe kommt. Dieser beschloss als erstes ein Wasser-Moratorium, das bis heute gilt. Es wird also kein neuer Anschluss bewilligt und ein Bauboom so effizient verhindert. Der BPUD gibt, ebenfalls seit 1971, die *Hearsay News* heraus, eine dreimal wöchentlich erscheinende Lokalzeitung, die kompromisslos alles druckt, was ihr mündlich zugetragen wird.

„Es war toll", erinnert sich Lewis McAdams, einer der ersten Redakteure: „Wir kamen um halb elf in die Redaktion, tranken Kaffee mit Brandy, rauchten Joints und warteten einfach, bis jemand reinschaute und uns was erzählte. Das tippten wir dann ab. Um eins war die Zeitung fertig, um fünf hatte jeder in Bolinas ein Exemplar. Wir verdienten jeden Morgen 20 Dollar und waren immer total blau."

die *Hearsay News* besteht noch heute aus einer wilden Mischung von persönlichen Berichten, Horoskopen, Kleinanzeigen, Ankündigungen, Aufrufen und, natürlich, Gedichten. Über den „G-Punkt von Bolinas" zum Beispiel, ein rosa Herz auf der Hauptstraße, das an die „Petition G" erinnert. Jane, die seit 20 Jahren mit

Nach Sheriff-Art: Emblem der legendären Bolinas Border Patrol, die dafür Sorge trägt, dass möglichst niemand den Ort findet

Nick Krieger ist in Bolinas aufgewachsen, betreibt hier einen Surfshop und ist einer der wenigen, die sich mehr Besucher wünschen

einer Kriegsbemalung aus Schokolade und einem Turm wilder Zotteln in den Büschen lebt, hat diese formuliert: „Bolinas soll eine ökologisch anerkannte, naturliebende Stadt sein, denn das Wasser aus den Seen, die Heidelbeeren und die Bären zu lieben, heißt nicht, Hotels und Motorboote zu hassen. Dakar. Vorübergehend und zur Rettung des Lebens, der Stinktiere und der Füchse (Flugzeuge über dem Ozean) und zur Verschönerung." Niemand verstand das so ganz, doch die Petition wurde trotzdem verabschiedet: Man wollte Janes Gefühle nicht verletzen, das eigene Karma nicht gefährden.

Nick Krieger, der sommersprossige, schlaksige Besitzer des 2 miles-Surf Shop (nach dem verschwundenen Straßenschild, Bolinas 2 miles) hat wenig Verständnis für solche Sentimentalitäten. Dass er in Bolinas aufgewachsen ist, schützt ihn nicht vor dem Zorn der Alteingesessenen, die ihm übelnehmen, dass er Surfstunden für „Außenseiter" anbietet und auf seiner Hompage gar eine Wegbeschreibung angibt. Eine Wegbeschreibung! „Ich mag es eben, wenn Leute am Strand sind, wenn das Café voll ist", sagt er beinahe trotzig. Nick lebt mit seiner Freundin in einer selbst gebauten Hütte auf dem Land der Eltern. Denn Mietwohnungen gibt es nicht in Bolinas, und Häuser, selbst baufällige, sind nicht unter einer Million Dollar zu haben. Wer nicht bei den Eltern unterschlüpfen kann, zieht – schweren Herzens – weg. Die Schule, die Nick besuchte, muss bald schließen.

Nicks Vater Rodney kommt in den Laden, greift sich ein Brett, tritt von einem Fuß auf den anderen: „Wann kommst du?" Jeden Tag gehen sie zusammen surfen. Nick wird es seinem Vater nicht übel nehmen, wenn auch er sein Land eines Tages mit Millionengewinn verkauft und sich irgendwo zur Ruhe setzt. „Das ist eine unverhoffte Altersvorsorge für Leute, die sich nie um so was gekümmert haben." Er zuckt die Achseln. Die stillen Tage von Bolinas sind gezählt. Bald wird es eine Wochenendenklave der Reichen sein – wenn es nicht vorher ins Meer fällt.

Auch Boonville, im Herzen von Anderson Valley, ist nicht leicht zu erreichen: Dramamine Drive nennt man die kurvige Straße, die sich endlos durch die waldigen Hügel und Weinberge schlängelt, und wenn man den Ort endlich erreicht, hat man ihn auch schon hinter sich gelassen.

„Boonville. John konnte nicht glauben, dass dieser Ort wirklich Boonville hieß... dass er wirklich existierte", beginnt der Roman von Robert Mailer Anderson, der den Ortsnamen – wörtlich: „Hinterwäldler-Stadt" – als Titel trägt. Die Bewohner gingen in ihrer Abneigung gegen Außenseiter so weit, dass sie ihre eigene Sprache entwickelten. Noch in den zwanziger Jahren sprach der ganze Ort fließend Boontling. Heute erinnert nur noch der Name des Lokals „Horn of Zeese", (das bedeutet übersetzt „Tasse Kaffee") an den Code.

Mendocino: In jedem Haus eine Galerie und auf jedem Salat ein Ziegenkäse

Im frisch renovierten General Store, wo auch kalt gepresstes Olivenöl und künstlerisch wertvolles Holzspielzeug verkauft wird, sitzt der Biobauer Kevin J. Denley. Er schaufelt eine kalte Sprossensuppe in sich hinein, bevor er sich zur Country Fair aufmacht. Hier werden Jungtiere vorgeführt, Kürbisse, Konfitüren und Kochrezepte preisgekrönt. Und Kunstwerke: Kevin hat eine Fotografie von einem Hund eingesandt, der mit der Schnauze im Futternapf eingeschlafen ist. Zum Fressen nie zu faul, steht darunter; die nicht verlangte Bildzeile verrät den Werbetexter, der Kevin bis vor kurzem noch war.

Nach den **Beat-Poeten** kamen die Biobauern

Jetzt lebt er ländlich zurückgezogen in einer Selbstversorgerkommune. „Ich will nicht nach denselben Regeln leben wie alle anderen", sagt der Mittdreißiger.

Es geht zurück an die Küste. Kurven. Mehr Kurven. Luxushotels. Wohnwagensiedlungen. Einsame Strände. Kneipen. Klippen. Nebel. Und immer wieder nichts. Lange Strecken nichts.

Die kalifornische Küste nördlich von San Francisco ist nicht nur ein geologisches Puzzle – drei tektonische Platten treffen an der Mendocino Triple Junction zusammen und bilden zwei Hügel, die langsam, wie Schildkröten unter einem Teppich, nördlich kriechen – sondern auch ein gesellschaftliches. Die Strahlungen dieses Knotenpunktes, die viele Bewohner zu spüren behaupten, hat immer schon Eigenbrötler, Idealisten und Spinner angezogen. Und immer noch ist – scheinbar – genug Platz. Für alle.

Aus dem Nebel tauchen die schmucken weißen Holzhäuser von Mendocino auf – die überreizte Vision von einem Künstlerdorf. In jedem Haus eine Galerie, ein „Bed and Breakfast", ein Bistro. Auf jedem Salat ein Ziegenkäse. Auf dem Wochenmarkt treffen wir Barbara Sochacki in Latzhose und rotem Halstuch, eine Bilderbuch-Bäuerin, die biologisch angebautes Gemüse und Würste von glücklichen Schweinen anbietet. Sie wird uns zur Old Mill Farm führen, die – wer hätte das gedacht – nicht ganz einfach zu finden ist.

Das Hinterland von Mendocino ist für seine Hanfplantagen bekannt. Auch hier sind Fremde nicht unbedingt gern gesehen. Wer vom Weg abkommt, kann schon mal in einen Gewehrlauf blicken. Eine ungeteerte Straße zieht sich durch dichte Redwoods, bis plötzlich auf einer Lichtung wie aus einem Traum ein windschiefes gelbes Holzhaus auftaucht.

Barbara und ihr erster Mann Chuck Hinsch kauften die verlassene Sägerei, die einst von einer finnischen Familie mit zwölf Kindern bewirtschaftet worden war. Nach der Scheidung und bis zu seinem Tod vor ein paar Jahren hielt Chuck die Farm mit wechselnder Besatzung am Laufen. Jetzt führen Barbara und ihr jüngerer Sohn Cas Sochacki den Hof, unterstützt von einer Crew junger Aussteiger. Barbaras jetziger Mann Ben, ein Schreiner, hat seine Werkstatt auf dem Grundstück und zimmert Hütten, in denen die Jungen wohnen. Für Gäste stehen ein Cottage und ein Tipi bereit.

Barbara hat gekocht, schenkt Wein ein, erzählt, die Jungen ziehen sich hinter ihre Laptops zurück in die Weiten des Internet. Im Wohnzimmer steht, von einem Indianerteppich bedeckt, ein riesiger Flachbildfernseher. Barbara Sochacki war ein Original-Blumenkind: mit Flatterrock und hüftlangem Haar posierte sie mit ihrer Kommune 1969 für das *Life Magazine*. Sie fährt mit dem Finger über die Gesichter auf den Fotos: „Tot, im Gefängnis, im Entzug, tot, tot …"

Wir schlafen im Tipi, am offenen Feuer. Sternklare Nacht. Stille, die beinahe hallt. Flüchtige Gedanken an Pumas. Ungewöhnlich tiefer Schlaf.

Am nächsten Tag auf einem Fest bei einer anderen Kommune, zu dem Chas uns mitgenommen hat: Blumenkinder, Flatterröcke, Gitarren. Die Zeit scheint stehen geblieben. Die Schildkröten bewegen sich langsam. Alles scheint immer noch möglich. □

Milena Moser, *Schrifstellerin (zuletzt: „Sofa, Yoga, Mord"), lebt mit Fotograf* **Thomas Kern** *in San Francisco und trägt seitdem Blumen im Haar.*

MERIAN | TIPP Bolinas, Boonville, Mendocino

(A 7) Bolinas

2 miles Surfshop & Mystic Boards
22 Brighton Road, Tel. (415) 868 02 64
Nick Krieger verkauft Surfboards, Taucheranzüge, Bikinis und T-Shirts, und er gibt Surflektionen in kleinen Gruppen (50 $ pro Person).

Smiley's Schooner Saloon & Hotel
41 Wharf Road, Tel. (415) 868 13 11
Einer der ältesten Saloons in Kalifornien, mit einfachen gemütlichen Gästezimmern, allerdings direkt über der Bar. Auf Anfrage Geburtstagsparties werden organisiert.

The Blue Heron Inn and Restaurant
11 Wharf Road, Tel. (415) 868 11 02
Sehr gutes Restaurant mit romantischem Garten und zwei Gästezimmern, wird von einer einheimischen Familie geführt.

Thomas' White House Inn
118 Kale Road, Tel. (415) 868 02 79
Am Meer auf einer Klippe gelegen. Die Aussicht ist atemraubend!

Coast Café
Wharf Road, Tel. (415) 868 22 98
Der Treffpunkt in Bolinas. Einfache, dochgute amerikanische Küche mit *veggie-bio-twist*, nette Bedienung.

(A 5) Boonville

General Store
Highway 128, Tel. (707) 895 22 53
Sandwiches, Suppen und hausgemachte Pizza, alles mit biologisch angebauten Zutaten, Weine aus der Gegend.

The Boonville Hotel
Highway 128 at Lambert Lane
Tel. 707-895 22 10
Bekanntes Feinschmecker-Restaurant, Treffpunkt der lokalen Künstlerszene.

The Horn of Zeese
14025 Highway 128, Tel. (707) 895 35 25
Gutes, anständiges amerikanisches Frühstückslokal, große Portionen, nette Bedienung, dünner Kaffee.

(A 5) Mendocino

The Packard House B & B
Ein „Bed and Breakfast" ohne Trockenblumen und Spitzendeckchen. Modern eingerichtet.
45170 Little Lake Street
Tel. (888) 453 26 77

Old Mill Farm
Tel. (707) 937 30 47, Fax (707) 937 02 44
www.oldmillfarm.org

INFO KALIFORNIEN

INHALT

Service | SEITE 110
Top Ten, Einreise-Infos, Aktuelles, Landesdaten, Bücher, Daten zum Wetter

Sehenswert | SEITE 112
Disneyland, Lake Tahoe, Bodega Bay, Mammoth Lakes, Napa Valley, San Francisco, Universal Studios, Monterey, Carmel, Big Sur, Santa Barbara, Los Angeles

San Diego | SEITE 116
In zwei Tagen durch die Metropole Südkaliforniens: der schönste Zoo der Welt, Sea World, Old Town Historic Parc, Gaslamp Quarter, Sport, Museen, Shopping und ein Ausflug ins mexikanische Tijuana

Essen+Trinken | SEITE 118
Eine Auswahl der besten und originellsten Restaurants

Über Nacht | SEITE 119
Günstige Beach-Motels und extravagante Luxus-Hotels

Aktiv | SEITE 120
Mit Kindern unterwegs, Kajak, Mountainbiken, Golf, Surfen, Skaten, Wintersport, Angeln

Geschichte | SEITE 122
Der „Summer of Love 1967", Zeittafel: Von den ersten Indianern zu Schwarzenegger

Highway Nr. 1 | SEITE 126
Die Karte zur schönsten Straße der Welt mit vielen Empfehlungen für interessante Zwischenstopps

Die Planquadrate der Adressen beziehen sich auf die MERIAN-Karte (Seite 123-125)

Texte: Andreas Renner

Hinter der Skyline von Los Angeles türmen sich die Gipfel der San Gabriel Mountains auf

MERIAN-Top Ten

Was Sie unbedingt sehen und erleben sollten

1. Hollywood und die Universal Studios (D 12) Begeben Sie sich auf die Spuren der Stars (s. S. 34) und werfen Sie einen Blick hinter die Filmkulissen.

2. Golden Gate Bridge und Chinatown (A 7) San Francisco muss man einfach gesehen haben (s. S. 66), zumindest einmal über die Golden Gate Bridge rauschen und in Chinatown essen gehen.

3. San Diegos Zoo und Sea World (D/E 14) Der wohl schönste Zoo und das größte Ozeanarium der Welt begeistern nicht nur Kinder.

4. Die Nationalparks Ob Yosemite, Redwood, Sequoia oder einer der anderen fantastischen Nationalparks (s. S. 38) – eine Wanderung durch die Urlandschaften Kaliforniens ist ein einmaliges Erlebnis.

5. Ghosttown Bodie (D 7) So sah es in Kalifornien zur Zeit des Goldrausches vor über hundert Jahren aus (s. S. 72).

6. Palm Springs (E 12/13) Mondäne Villen und exklusive Shopping-Malls in der Wüste.

7. Monterey und Carmel-by-the-Sea (A 8) Zwei Perlen am Meer, mit viel Kultur und Historie.

8. Lake Tahoe (D 6) Die Gegend um den riesigen Bergsee an der Grenze zu Nevada ist ein Paradies für Wanderer.

9. Getty Center und Norton Simon Museum (D 12) Zwei international renommierte Museen mit hochklassigen Exponaten (s. S. 62).

10. Hearst Castle (B 9) Das „Neuschwanstein Kaliforniens", in den zwanziger Jahren erbaut von Medien-Mogul William R. Hearst, verblüfft mit prunkvollem Stil-Mix (s. S. 10)

EINREISE

Seit dem 26. Oktober 2004 müssen alle in die USA Einreisenden einen maschinenlesbaren Reisepass vorweisen. Deutsche Staatsangehörige benötigen im Allgemeinen kein Visum, wenn sie als Touristen oder zu geschäftlichen Zwecken in die Vereinigten Staaten reisen und sich kürzere Zeit als 90 Tage im Land aufhalten. Für einzelne Berufsgruppen wie zum Beispiel Journalisten besteht Visumzwang. Ausführliche Informationen gibt es im Internet unter **www.us-botschaft.de**

AKTUELLE INFORMATIONEN

Telefon Am günstigsten telefoniert man mit der Telefonkarte (calling card), die man am Zeitungskiosk, in Supermärkten und an Tankstellen kaufen kann. Vorwahl nach Deutschland 01149 (Österreich 011 43, Schweiz 011 41).
Inlandsauskunft: 411
Notruf: 911

Trinkgeld Das Bedienungsgeld ist nicht im Preis inbegriffen. Kellner im Restaurant bekommen ein Trinkgeld, das zwischen 15 % und 20 % der Rechnungssumme betragen sollte.

Steuern Auf alle Preise wird die Umsatzsteuer in Höhe von 7,25 % aufgeschlagen, in Großstädten zusätzlich 1% bis 1,25 %, außer für Lebensmittel.

Rauchen In allen öffentlichen Gebäuden gilt absolutes Rauchverbot. Rauchen ist lediglich in ausgewiesenen Zonen gestattet. Seit dem Sommer 2004 darf auch an den Stränden von Santa Monica und Venice nicht mehr geraucht werden. Wer erwischt wird, zahlt bis zu 250 Dollar Strafe.

LANDESDATEN

Kalifornien ist mit einer Fläche von 411 012 Quadratkilometern der drittgrößte Staat der USA nach Alaska und Texas. Die Pazifikküste des „Golden State“ erstreckt sich über eine Länge von über 2000 Kilometern.
Laut einer Erhebung aus dem Jahr 2000 leben 35 Millionen Einwohner in Kalifornien. Rund 16 Millionen haben sich allein rund um das Ballungszentrum Los Angeles angesiedelt. Kalifornien ist damit der bevölkerungsreichste Bundesstaat Amerikas. Rund 59,5 % der Einwohner des Landes sind weißer, 32,4 % hispanischer, 10,9 % asiatischer und 6,7 % schwarzer Herkunft. Spanisch ist vielerorts längst die geläufige Zweitsprache nach Englisch.
Die Arbeitslosenquote liegt mit 6,7 % über dem Landesdurchschnitt von 6 %. Dennoch produziert Kalifornien mit einem Wert von 1,3 Billionen Dollar noch immer das fünftgrößte Bruttosozialprodukt der Welt.

BÜCHER

Vis a Vis Kalifornien
Dorling Kindersley, 14 €
Ein farbenfroher Reiseführer mit vielen Illustrationen.

Kalifornien **Ulrich Quack, Iwanowski's Reisebuchverlag, 3. Aufl. 2003, 19,95 €**
Kenntnisreich und umfassend.

Der National Geographic Traveller Kalifornien
Greg Critser, 2. aktualisierte Auflage 2003, 19,95 €
Toll bebildert, gut geschrieben, ein klasse Reiseführer.

Geisterstädte in Amerikas Westen **Berthold Steinhilber u.a., Knesebeck Verlag, 29,90 €**
Der Fotograf Berthold Steinhilber ist mit seiner Kamera dem kalifornischen Goldrausch Mitte des 19. Jahrhunderts auf der Spur. Er setzt die verwitterten Überbleibsel in den Geisterstädten der Minenarbeiter mit künstlerischen Nachtaufnahmen in Szene *(s. auch S. 72)*.

Streiflichter aus Amerika
Bill Bryson, Goldmann Verlag, 9 €
Brysons Kolumnen-Sammlung gibt einen humorvollen Einblick in den amerikanischen Alltag.

The Tortilla Curtain
T. C. Boyle, Bloomsbury, 10,80 €
Ein Roman, der sich mit dem Zuwandererstrom von Mexikanern nach Kalifornien und den daraus resultierenden Spannungen zwischen den Kulturen beschäftigt.

Kalifornischer Sommer
Colin Fletcher, Diana Verlag, 8 €
Der „Hohepriester“ der Abenteurer: Bereits 1958 durchwanderte Colin Fletcher Kalifornien. Eine sechsmonatige Expedition in die Wildnis, packend erzählt, regt den Reisenden von heute immer wieder zu spannenden Vergleichen an.

DATEN | WETTER

Los Angeles	Jan.	Feb.	März	Apr.	Mai	Juni	Juli	Aug.	Sept.	Okt.	Nov.	Dez.
Durchschnittl. Temp. in °C Tag	18	20	20	21	23	25	29	29	28	25	23	20
Durchschnittl. Temp. in °C Nacht	8	9	10	12	13	15	17	18	16	14	12	9
Sonnenstund./Tag	7	8	9	8	9	9	11	11	9	7	8	8
Regen-Tage	6	5	6	4	1	1	1	1	1	2	4	5
Wassertemp. in C°	4	3	4	6	10	13	17	17	15	13	9	6

„It never rains in Southern California“, das trifft zwar meist zu, aber das Klima ist im riesigen Kalifornien recht unterschiedlich. So ist es im Norden im Frühjahr und Herbst oft wärmer als im Sommer und in den bergigen Regionen des Landesinneren, speziell der Sierra Nevada, sind Pässe oft bis ins Frühjahr zugeschneit. Death Valley und Mojave-Wüste sollte man im Sommer meiden. Generell jedoch herrscht von Frühjahr bis Herbst im ganzen Land angenehmes Reisewetter.

MERIAN | TIPP

Disneyland forever

Von Mäusen, Enten und Warteschlangen

Auch rund 50 Jahre nach der Eröffnung am 17. Juli 1955 hat Disneyland nichts von seiner Anziehungskraft verloren. Der Park mit acht Themenländern und mehr als sechzig tollen magischen Angeboten bleibt ein lohnendes Ausflugsziel natürlich vor allem für Familien mit Kindern.
Disneyland in Anaheim (rund 45 Autominuten südlich von Los Angeles am Highway 5) kann man jedoch an einem einzigen Tag kaum komplett kennen lernen, zumal in der Hochsaison an den beliebtesten Attraktionen mit Wartezeiten von bis zu einer Stunde zu rechnen ist. Tipp: Wer die oft langen Schlangen vor rasanten Achterbahnen wie „Indiana Jones", „Big Thunder Mountain" oder „Space Mountain" vermeiden will, hat die Möglichkeit, sich vor den jeweiligen Anziehungspunkten einen „Fast Pass" aus einem Automaten zu besorgen. Der ermöglicht einen schnelleren Zugang zu einer festgelegten Tages- oder Nachtzeit.
Wer keine zwei Tage im Disneyland oder dem neuen „kleinen Bruder" California Adventure gleich nebenan verbringen möchte, sollte seinen Besuch im Voraus planen und sich auf einige ausgewählte Highlights beschränken. Sonst kann vor allem während der heißen Sommermonate der Ausflug schnell zur Anstrengung werden. Auf der Website des Parks unter **www.disneyland.com** sind Tipps für Tagesplanungen aufgelistet. Wer in Anaheim übernachten möchte, findet eine große Auswahl an Hotels aller Preisklassen. Die zu Disney gehörenden Hotels sind etwas teurer, liegen dafür in unmittelbarer Nachbarschaft der Parks. Rund um die Parks verteilt gibt es zahlreiche weitere Hotels. Die Parks sind von dort zu Fuß zu erreichen, es gibt aber auch kostenlose Shuttlebusse.

Mickymaus – seit Jahrzehnten Liebling aller Kinder

(D 12) 1313 S. Harbor Blvd., Anaheim
Tel. (714) 781-45 65 www.disneyland.com
Eintritt: Kinder (3-9) 39,75 $, Besucher ab 10 Jahren: 49,75 $, keine weiteren Kosten für die Nutzung der Attraktionen. Zwei-Tages-Pässe für beide Parks: Kinder (3-9) 78 $, Besucher ab 10 Jahren): 98 $. Parken: 9 $. Ganzjährig geöffnet, je nach Jahreszeit zwischen 9 und 23 Uhr

NORD-KALIFORNIEN

(D 6) Lake Tahoe
Von den Indianern einst der „ewig blaue See" genannt, da am Lake Tahoe das Wasser an mindestens 300 Sonnentagen pro Jahr bläulich glitzert. Ein viel besuchtes Ziel, und im Sommer sind die schönen Sandstrände des Bergsees in der Sierra Nevada dicht bevölkert. Eine rund 35 Kilometer lange Straße führt um den See herum, unterwegs bieten sich schöne Picknickplätze zur Rast an.
www.virtualtahoe.com/

(A 4) Humboldt Redwoods State Park
Im größten Redwood State Park Kaliforniens sind einige der ältesten Redwood-Bäume der Erde zu besichtigen. Rund um den Eel River gibt es viele Freizeitmöglichkeiten, auch deshalb ist der Park ein beliebtes Ausflugsziel für Familien.
Weott CA 95571
Tel. (707) 946-24 09
www.parks.ca.gov/?page_id=425

(A 3) Eureka
Historische Hafenstadt, die zur Zeit des Goldrausches gegründet wurde. Sehenswert vor allem sind das restaurierte Fort Bragg, die Altstadt mit schönen viktorianischen Bauten und der Humboldt State Historic Park.
www.eurekawebs.com
www.parks.ca.gov

(A 6) Bodega Bay
Alfred Hitchcock drehte in der kleinen Hafenstadt einst seinen Schocker „Die Vögel". Von den originalen Schauplätzen existiert noch das alte Schulhaus.
Visitors Center
Tel. (707) 875-38 66
www.bodegabay.com

(D 8) Mammoth Lakes
Im Winter ist Mammoth mit seinen anspruchsvollen Abfahrten Ziel vieler Skifahrer und Snowboarder. Im Sommer gilt das weitläufige Gebiet rund um den Mammoth See hoch oben in der Sierra Nevada tatsächlich noch als Geheimtipp unter Freunden des Alpinsports.
www.visitmammoth.com/

(A/B 6) Jack London State Park
Zu besichtigen ist das ehemalige Wohnhaus des Abenteuer-Schriftstellers Jack London, in dem er auch arbeitete und 1916 starb. Ein Wanderweg führt zu dem alten Badehaus des Anwesens, ein anderer zu Londons Grab.
2400 London Ranch Road
in Glen Ellen
Tel. (707) 938-52 16
www.parks.ca.gov/?page_id=478
Eintritt 6 $

(B 6) Napa und Sonoma Valley
Zahlreiche imposante Weingüter präsentieren sich entlang der SR 29, die sich zwischen Napa und Calistoga auf einer Strecke von 45 Kilometern durch das grüne Tal schlängelt.

Lake Tahoe: 35 Kilometer lang, 20 Kilometer breit, bis zu 500 Meter tief und von einem Blau, das andere Seen vor Neid erblassen lässt

Kostenlose Proben gibt es in fast jedem Weingut, allerdings lohnt es sich vielfach, die Preise von 5 bis 10 Dollar für die edleren Tropfen zu investieren. Ein Verzeichnis aller Weingüter gibt es auf der Website
www.napavalley.com/
www.sonoma.com

SAN FRANCISCO

(A 7) San Francisco Museum of Modern Art

Die umfassendste Sammlung moderner und zeitgenössischer Kunst der amerikanischen Westküste.
Tipp: Die besten Besuchszeiten ohne großen Andrang sind jeweils am Montag- oder Dienstagnachmittag.
151 Third Street, San Francisco
CA 94103-3159, Tel. (415) 357-40 00
www.sfmoma.org

Blue & Gold Fleet Bay Cruise

Von Bord der Fähren der Blue & Gold Fleet hat man die besten Ausblicke auf die Skyline von San Francisco. Die einstündigen Touren führen auch unter der Golden Gate Bridge hindurch und umrunden die einstige Gefängnisinsel Alcatraz.
Tel. (415) 705-55 55
www.blueandgoldfleet.com
Tipp: Die Touren am frühen Morgen sind weniger stark frequentiert.
Preise ab 20 $. Abfahrten vom Pier 41 am Marine Terminal

Legion of Honor Museum

Beeindruckende Kunstsammlungen mit Werken von Rembrandt, Dürer, Kandinsky und Picasso. Das Museum ist zudem einer der schönsten Aussichtspunkte mit Blick auf die San Francisco Bay.
Legion of Honor, 34th Avenue & Clement Street, Lincoln Park
San Francisco, CA 94121
Tel. (415) 863-33 30, www.thinker.org
Erwachsene 15 $, Kinder 7 $

Alcatraz

Das berüchtigte ehemalige Gefängnis ist heute eine der gern besuchten Attraktionen von San Francisco. Filme wie „Flucht aus Alcatraz“ mit Clint Eastwood und „The Rock“ mit Sean Connery wurden in den original erhaltenen Zellen gedreht. Die Überfahrten mit der Fähre sind in der Hochsaison oftmals schon Tage vorher ausgebucht, eine rechtzeitige Reservierung ist daher zu empfehlen.
www.nps.gov/alcatraz
www.blueandgoldfleet.com
Eintritt 16 $

Chinatown

Die größte chinesische Kommune außerhalb Chinas. Der Haupteingang des Quartiers mit einem drachenverzierten Tor befindet sich an der Grant Avenue, Ecke Bush Street. In den Straßen reihen sich Touristenläden, Restaurants und Antiquitätengeschäfte aneinander. **Unbedingt probieren:** Viele der Restaurants bieten original Peking-Ente und hausgemachte Dimsum an.

South of the Market

Einst schmuddeliges Industrieviertel, heute Treffpunkt von Künstlern und Intellektuellen. Hier befinden sich viele der angesagten Restaurants und Bars der Stadt, unterhalb der Market Street auch zahlreiche Museen sowie das Messe- und Kongresszentrum, auf dessen Dach eine Vergnügungsmeile mit Kinderkarussell und Eislaufbahn wartet.

MERIAN | TIPP

Universal Studios Hollywood
Bereits in den zwanziger Jahren wurden auf dem Areal der heutigen Universal Studios die ersten Filme gedreht. Carl Laemmle errichtete dort sein Studio und gestattete Besuchern, bei den Dreharbeiten zuzusehen. Seit 1964 ist das legendäre Studiogelände erneut offen und hat sich seitdem zu einem Anziehungspunkt für Besucher aus aller Welt entwickelt. Eine 45-minütige Tour in einem Elektrozug durch das weitläufige Gelände führt vorbei an originalen Drehorten von Klassikern wie „Psycho“, „Der Weisse Hai“ oder „Jurassic Park.“ Unterwegs erfährt der Besucher hautnah, wie Erdbeben oder Wasserfluten für die Kinoleinwand simuliert werden. In den Studios werden tagtäglich Filme, TV-Shows und Werbespots gedreht, allerdings bekommen die Besucher deren Darsteller nur selten bei der Arbeit zu sehen. Das weltgrößte Filmstudio mit dazugehörigem Themenpark bietet Attraktionen für alle Altersstufen. Während Kinder vor allem den Nickelodeon-Wasserpark, die Tiershow oder die Shrek 3D-Show schätzen, ist die Wasserrutsche des „Jurrasic Ride“ oder die rasante Fahrt im „Zurück in die Zukunft“-Flitzer bei Jugendlichen und Erwachsenen sehr beliebt. Nach ereignisreichen Stunden in den Universal Studios bietet sich der angrenzende City Walk mit seinen zahlreichen Geschäften, Restaurants und Live-Music Clubs an, um den Tag ohne Hektik ausklingen zu lassen.
(D 12) 100 Universal City Plaza
Universal City
Tel. 800-UNIVERSAL
www.universal studios.com
Eintritt: 49,75 $.
Tipp: Wer seine Tickets online kauft und selbst ausdruckt, spart 10 $.
Öffnungszeiten: 9 bis 21 Uhr im Sommer, 10 bis 19 Uhr im Herbst/Winter.

Golden Gate Bridge
Die 1937 eingeweihte Brücke mit den höchsten Pfeilern der Welt (227 Meter) ist eines der bekanntesten Bauwerke überhaupt. Von der Nordseite aus hat man einen wunderbaren Blick auf die Stadt. In südlicher Richtung (stadteinwärts) zahlen Fahrzeuge eine Gebühr von 5 $, Radfahrer und Fußgänger können die Brücke kostenlos benutzen.

BAY AREA

(B 8) Winchester Mystery House in San Jose
Die Witwe des Waffenfabrikanten Winchester begann im Jahr 1884 damit, ihr Haus recht bizarr umzubauen, weil sie glaubte, so böse Geister vertreiben zu können. Bis zu ihrem Tod 38 Jahre später hatte Sarah L. Winchester Flügel und Dependancen mit 160 Zimmern angebaut – eine architektonische Kuriosität.
525 South Winchester Bvd.
San Jose, Tel. (408) 247-21 01
www.winchester mysteryhouse.com
Eintritt: 19,95 $

(B 8) John Steinbeck Museum in Salinas
Der Schriftsteller und Nobelpreisträger John Steinbeck wuchs in Salinas auf, das Steinbeck Museum zeigt u. a. persönliche Gegenstände.
1 Main Street, Salinas
Tel. (831) 796-38 33
www.steinbeck.org
Eintritt: 9,95 $

(B 8) Monterey und Cannery Row
Monterey war die erste Hauptstadt Kaliforniens, heute ist die Küstenstadt eher bekannt für ihr alljährliches hochkarätiges Jazz-Festival und die Autorennen am Laguna Seca Raceway. Touristen besuchen gern Fishermans Wharf: von dort kann man Boots- und Angeltouren unternehmen.
http://www.montereyinfo.org/

Monterey Bay Aquarium
Das Bay Aquarium an der Cannery Row wartet mit dem größten Glas-Aquarium der Welt auf. Hier tummeln sich diverse Haiarten und andere große und kleine Meerestiere.
886 Cannery Row, Monterey
Telefon (831) 648-48 88
www.mbayaq.org
Eintritt: 19,95 $

(A/B 8) Carmel
Bereits in den zwanziger Jahren hat sich Carmel zum Mittelpunkt von Künstlern und Kreativen entwickelt, heute ist es eine der teuersten Wohngegenden Kaliforniens. Auch Hollywood-Stars wie Clint Eastwood, Doris Day und Ursula Andress schätzen die Schönheit der Natur, die das charmante Städtchen umgibt. Eastwood war sogar Bürgermeister der 5000-Seelen-Gemeinde, in der es keine Fastfood-Ketten und Neonlichter gibt. Viele kleine Boutiquen, Läden und gute Restaurants laden zum Bummeln und Einkehren ein. In der Nähe von Carmel verläuft der sehr schöne 17-Mile-Drive, den man einmal entlanggefahren sein sollte.
www.carmelcalifornia.org

ZENTRAL-KALIFORNIEN

(A 9) Big Sur
Am Rande des Pfeiffer State Parks finden sich auf 145 Kilometern Küstenlänge einige der schönsten Landschaftsformen Kaliforniens: raue Klippen, dichte Wälder, romantische Bergtäler. Einfach aussteigen, staunen und genießen.
www.bigsurcalifornia.org

SANTA YNEZ VALLEY UND SANTA BARBARA

(B 11) Santa Ynez Wine Trail
In den Bergen von Santa Ynez herrscht ein ideales Klima für den Wein. Etliche bekannte Weingüter aus dem Napa- und Sonoma Valley bauen deshalb auch hier Reben an. Ebenso wie im nördlichen Wein-Country gibt es auch in den Weingütern rund um Solvang Weinproben.
www.santabarbara.com/wine country/trails/santaynezträil.asp
www.santabarbara. winecountry.com

(C 11) Santa Barbara
Die malerische Kommune mit erkennbar spanischem Einschlag am Highway 101 wird nicht selten als „amerikanische Riviera“ bezeichnet. Santa Barbara ist eine verträumte Küstenstadt, die genügend Kultur- und Freizeitangebote während des ganzen Jahres hat, so dass sich auch ein mehrtägiger Aufenthalt lohnt. Im Sommer herrscht Hoch-

Kultur-Komplex Getty Center: modernistisch, kühl und voller Kunst

betrieb, die besten Reisezeiten sind daher Frühjahr und Herbst.
www.santabarbaraca.com

(C 12) Matador Beach

Wer keinen Wert auf den Trubel an den Stränden nördlich und südlich von Santa Monica legt, findet im El Matador Beach nördlich von Malibu eine Oase der Ruhe. Ebenso wie die Nachbarstrände El Pescador und La Piedra wird auch El Matador außerhalb der Ferienzeit nur von ein paar wenigen Einheimischen besucht.
Am Highway 1, 17 Kilometer nördlich von Malibu, Schilder beachten

LOS ANGELES

(D 12) Walt Disney Concert Hall

Die 2003 eröffnete Konzerthalle in Downtown Los Angeles ist die neue Heimat der Philharmonics. Die eigenwillig geschwungene Stahlkonstruktion von Stararchitekt Frank O. Gehry ist ein architektonisches Highlight der Innenstadt.
135 N. Grand Avenue
Tel. (213) 972-72 11
www.disneyhall.com
Tour ab 10 $

Getty Center

Auf einem Plateau der Santa Monica Mountains erhebt sich das aufwändig gestaltete Getty Museum über der Stadt. Hier sind Bilder aus der Privatsammlung des Ölmagnaten J. Paul Getty von u. a. Picasso, van Gogh, Rembrandt und Rubens ausgestellt. Vom liebevoll gestalteten Garten rund um das Museum hat man einen sehr guten Ausblick auf Los Angeles.
1200 Getty Center Drive
Suite 1000 Los Angeles
Tel. (310) 440-73 00
www.getty.edu/

Venice

Treffpunkt von Künstlern und Lebenskünstlern. Am belebten Boardwalk trifft man jede Menge skurriler Typen. An Wochenenden wimmelt es von fliegenden Händlern und Straßenmusikern. Am besten verfolgt man das geschäftige Treiben von einem der vielen Cafés aus.
www.westland.net/venice

Farmers Market

Bereits seit 1934 ist der Farmers Market eine feste Institution an der Third Street. In den kleine Buden bieten die Händler allerdings mittlerweile nicht mehr nur frisches Obst und Gemüse an, sondern auch Spielwaren, Geschenke und vor allem kulinarische Spezialitäten aus aller Welt.
6333 West Third Street
Los Angeles, Tel. (323) 933-92 11
www.farmersmarketla.com/

Santa Monica Pier

Der Santa Monica Pier ist an 365 Tagen im Jahr geöffnet, der Vergnügungspark mit dem Riesenrad und den Achterbahnen ist längst ein Klassiker der Strandlust.
www.santamonicapier.org/
Eintritt frei

Griffith Park

Der weitläufige Park in den Hollywood Hills ist das Zuhause des Los Angeles Zoo, des derzeit im Umbau befindlichen Griffith Park Observatory (Eröffnung im Mai 2005) und der Freiluftarena Greek Theatre.
www.griffithobs.org

Queen Mary, Long Beach

Der einstige Luxusliner „Queen Mary", eines der berühmtesten Passagierschiffe des 20. Jahrhunderts, hat im Hafen von Long Beach seine feste Heimat gefunden. Die Kabinen der Ersten Klasse dienen heute als Hotelzimmer.
1126 Queens Hwy., Long Beach
Tel. (562) 435-35 11
www.queenmary.com/
Geführte Touren ab 28 $

SAN DIEGO IN 2 TAGEN

Gut getroffen hat es dieses Nilpferd. Seine Heimat, der San Diego Zoo, gilt als schönster Tierpark der Welt

San Diego Surf Academy
www.surfsdsa.com/index.htm
Tel. (760) 230-14 74
Ocean Experience
www.oceanexperience.net/
Surfari Surf School
Tel. (858) 337-32 87
www.surfarisurf.com

MERIAN | TIPP

Sea World
Der 60 Hektar große Meerespark in der Mission Bay von San Diego gehört zu den größten Anziehungspunkten an der südkalifornischen Küste. Es gibt fünf hervorragende Shows, darunter mit Haien, Pinguinen und Delfinen. Im „Wild Arctic"-Park sind bedrohte Lebewesen der Arktis zu bestaunen, im Shark Encounter tummeln sich hinter dicken Glasscheiben zahme, aber auch mörderische Haie. Im Streichelzoo unter Wasser dürfen Delfine und Seesterne sogar berührt werden. Man kann spielend einen ganzen Tag in Sea World verbringen, ohne dass es langweilig wird.
500 Sea World Drive
San Diego, Tel. (619) 226-39 01
www.seaworld.com
Eintritt: Kinder unter 3 Jahren frei, Kinder (3-9 Jahre) 39,75 $, Erwachsene 49,75 $, Parken 7 $.
Die Öffnungszeiten variieren je nach Jahreszeit, es empfiehlt sich, vor dem Besuch anzurufen.

San Diego (rund 1,3 Millionen Einwohner) liegt nur rund 30 Kilometer nördlich der mexikanischen Grenze, hat einen unvergleichlich ruhigeren Rhythmus als Los Angeles und mit dem Gaslamp Quarter ein historisches Zentrum, das sich ideal zu Fuß erkunden lässt. Tipp: Auf der Website **www.sandiego.org** das Gutscheinheft „San Diego Travel Values" bestellen. Mit den Coupons gibt es Rabatte in Hotels, Museen und Vergnügungsparks.

1. TAG

Vormittag:
San Diego Zoo
Ob Sie mit oder ohne Kinder nach San Diego reisen, ein Besuch in einem der berühmtesten Zoologischen Gärten der Welt lohnt in jedem Fall. Mehr als 800 Tier- und 6000 Pflanzenarten sind zu bestaunen. Liebling aller Besucher ist der Pandabär Mei Sheng, Wartezeiten von einer Stunde vor seinem Gehege sind nicht selten. In vier bis fünf Stunden hat man das Spannendste erlebt und gesehen.
2920 Zoo Drive
Tel. (619) 231-15 15
www.sandiegozoo.com
Kinder unter 2 Jahren frei, 3-11 Jahre 14 $, ab 12 Jahren 21 $
Alternativ: **Sea World Park** (siehe Kasten links)

Mittag:
Old Town State Historic Park
Hier, wo einst San Diegos erste Siedlungen errichtet wurden, geht es heute im „Bazaar del Mundo" turbulent zu. In den historischen Gebäuden aus dem späten 18. Jahrhundert haben sich mexikanische Restaurants, Geschenkeshops und Museen etabliert. Recht kommerziell, aber durchaus einen Abstecher wert.

Nachmittag:
Sport Wem der Sinn nach Bewegung steht, der findet in San Diego reichlich Möglichkeiten. Zum Beispiel **Surfen:** Die besten Surfspots an den 33 öffentlichen Stränden befinden sich etwas außerhalb von San Diego am Bird Rock in La Jolla, am Stone Steps Strand in Encinitas sowie am Torrey Pines State Beach. Surfschulen:

Abend:
Gaslamp Quarter
In der restaurierten Altstadt rund um die **4. und 5. Straße,** dem so genannten Gaslamp Quarter, finden sich am Abend die jungen Leute in trendigen Restaurants und Bars ein. Das Konzept zur Belebung der Innenstadt – Banken raus, Gastronomie rein – hat sich bewährt. Während anderswo nach Geschäftsschluss Öde herrscht, tobt in Downtown San Diego am Abend der Bär.
www.gaslamp.org
Dinner-Tipp:
Mister Tiki Mai Tai Lounge
Polynesische Küche mit Spezialitäten wie Mahi-Mahi (Fisch) mit Krabbenkruste oder die Platte mit Peking-Ente. Dazu einen kräftigen Zombie-Cocktail als Einstimmung auf eine lange Partynacht im Gaslamp Quarter.
Tel. (619) 236-12 99
www.cohnrestaurants.com
Zum Abtanzen und Cocktailschlürfen geht es nach dem Essen zu **The Bitter End**. Dort trifft sich das hippste Partyvolk von San Diego.
770 Fifth Ave., San Diego
Tel. (619) 338-93 00
www.thebitterend.com

2. TAG

Frühstück:
Coronado Boathouse 1887
Historisches Restaurant mit Blick auf die Bay.
Tel. (858) 558-11 70
www.coronadoboathouse.com

Vormittag:
Shopping Für die Einkaufslust ist die **Mall am Horton Plaza** mit 140 Shops und Restaurants eine gute Adresse, und ein ebenso guter Tipp ist das „Seaport Village", eine Einkaufsmeile an der San Diego Bay mit 55 Geschäften, Restaurants und Cafés.
www.spvillage.com

Alternativ:
Kultur Museumsfreunde müssen unter 90 Einrichtungen die richtige Auswahl treffen. Allein im **Balboa Park** sind 15 Museen angesiedelt, unter anderem das **Aerospace Museum**, in dem die Landekapsel der bemannten Apollo-9-Mission (1969, auf der Mondumlaufbahn) zu sehen ist. **www.aerospacemuseum.org.** **Tipp:** Im Visitors Center (House of Hospitality) gibt es für 55 $ den „Best of Balboa Park Combo"-Pass, der den Eintritt in den Zoo sowie in 13 Museen beinhaltet. Man spart 45 $.

Mittag:
Seaport Village Mall
Im Food Court der Seaport Village Mall ein Picknick besorgen und es sich damit an der Martin Luther King jr. Promenade im Marina District auf einer Wiese gemütlich machen.

Alternativ:
Lunch im Café Cerise
Französisches Bistro mit hausgemachter Pâte und heimischen Spezialitäten wie gefülltes Huhn mit Kräutern oder gebackener Red Snapper. Auch als Dinner-Restaurant zu empfehlen.
1125 Sixth Ave., San Diego
Tel. (619) 595-01 53
www.cafecerise.com

Nachmittag:
Ausflug nach La Jolla
Als Wohnviertel der feinen Gesellschaft von San Diego hat sich La Jolla zum Edelvorort mit zahlreichen schicken Restaurants und exklusiver Shoppingmeile entwickelt. An der Prospect Street befinden sich gute Kunstgalerien, Designerläden und Juweliergeschäfte in großer Zahl. **Tipp:** Erst den Sonnenuntergang an der Promenade genießen, wo sich am Abend Seelöwen am Ufer tummeln. Anschließend zum Dinner ins **Roppongi** gehen, eines der besten Restaurants der Region mit asiatischer Küche und hervorragenden Weinen.
875 Prospect St., La Jolla
Tel. (858) 551-52 52
Fax (858) 551-77 12

Abend:
Theater San Diego hat zahlreiche Theater, unter denen die folgende Bühnen besonders hervorzuheben sind:
The Old Globe Theatre
in Balboa Park
www.theoldglobe.com
Marie Hitchcock Puppet Theater
Balboa Parks Puppentheater für Kinder
www.balboaparkpuppets.com
Starlight Musical Theater
Open-Air Musical Theater mit familienorientierten Programmen. **www.starlighttheatre.org**
Broadway Im Civic Theater in der Innenstadt gastieren regelmäßig bekannte Broadway-Shows. **www.broadwaysd.com**
San Diego Opera Weltbekannte Opernstars gastieren im Civic Theater. **www.sdopera.net**

Alternativ:
Ausflug nach Mexiko
Das Streckennetz der Busse der San Diego Metropolitan Transit Corporation reicht bis zur mexikanischen Grenze bei Tijuana, knapp 30 Kilometer südlich der Stadt. Ein Ausflug über den angeblich meistbenutzten Grenzübergang der Welt hinweg lohnt sich vor allem für Kauflustige, die auf der Suche nach Schnäppchen sind. Lederwaren, Schmuck und Geschirr sind auf dem Bazar günstig zu erstehen. Tijuana ist auch für Feinschmecker und Nachteulen ein interessantes Ziel.
www.tijuanaonline.org

MERIAN | TIPP

Sierra Mar
Auf einer Klippe über dem Pazifik gelegen, bietet das Sierra Mar einen spektakulären Ausblick. Und die Küche hält, was die fantastische Lage verspricht: Chefkoch Craig von Foerster kreiert ständig neue Gerichte mit landestypischen Zutaten. Täglich wechselnde Menükarte. Nicht billig, aber das Geld wert.
(A 9) Sierra Mar im „Post Ranch Inn", Hwy 1, Big Sur, Tel. (831) 667-28 00 www.postranchinn.com/ €€€

Draußen im „Sierra Mar": Big Sur im Rechnungspreis enthalten

NORDEN

Tides Wharf Restaurant
Als Drehort von Hitchcocks Thriller „Die Vögel" gelangte das Restaurant zu Weltruhm. Ein Stop lohnt aber nicht nur für Cineasten: Frischer kann man Fisch kaum essen, mit dem eigenen Kutter fangen die Wirtsleute täglich Lachs, Shrimps und andere Meerestiere. Spezialität ist eine Fischsuppe nach altem Rezept.
(A 6) 835 Highway 1
Bodega Bay
Tel. (707) 875-36 52
www.innatthetides.com/tides wharf.html €

NAPA UND SONOMA VALLEY

Wine Spectator Greystone
Das Restaurant ist Teil des Kulinarischen Institutes, in dem angehende Spitzen-Chefköche ausgebildet werden. Täglich finden einstündige Kochdemonstrationen für jedermann statt: Kalifornische Küche in Vollendung mit ausgefallenen Menükombinationen. Die offene Küche erlaubt es dem Besucher, den Köchen bei der Arbeit über die Schulter zu gucken. Sie verwenden frische Zutaten aus dem eigenen Kräutergärten, das Brot stammt aus der Bäckerei des Hauses.
(B 6) 2555 Main Street
St. Helena, Tel. (707) 967-10 10
www.ciachef.edu/greystone/spectator/ €€

Auberge du Soleil
Eines der besten Restaurants im nördlichen Wine Country (unbedingt reservieren). Die preisgekrönten Köche kombinieren die Finessen der asiatischen und südländischen Küche und kreieren so eigenwillige Gourmetgerichte, die selbst eingefleischte Feinschmecker noch überraschen. Zum Beispiel: Lobster mit Sellerie-Vinaigrette. Tipp: einen Tisch auf der Terrasse reservieren, von dort hat man einen der besten Ausblicke auf die Weinberge.
(B 6) 180 Rutherford Hill Road, Rutherford, Tel. (707) 963-12 11
www.aubergedusoleil.com/ €€€

SAN FRANCISCO

Aqua
Das Aqua wird vielfach als das beste Seafood-Restaurant in San Francisco bezeichnet. Von den fangfrischen Meerestieren des Pazifik sind hawaiianischer Schwertfisch und Mahi-Mahi besonders zu empfehlen. Mit mehr als 300 Kreszenzen ist die Weinkarte opulent.
(A 6) 252 California St., San Francisco, Tel. (415) 956-96 62
www.aquasf.com/aqua/main.htm €€€

Waterfront Restaurant
Sagenhafter Ausblick auf die Bay und exzellente Fischspezialitäten. Hier kommt man als Tourist in enspannter Atmosphäre mit San Franciscans ins Gespräch. Als Vorspeise nicht verpassen: Ziegenkäse umwickelt mit geröstetem Prosciutto.
(A 6) Pier 7, The Embarcadero
San Francisco
Tel. (415) 391-26 96
www.waterfrontsf.com €€

LOS ANGELES

Yamashiro
Fantastisches kalifornisch-asiatisches Restaurant mit ausgefallenen Fisch- und Sushigerichten. Das Haus im japanischen Stil oberhalb des Sunset Boulevard mit imposantem Zen-Garten war einst Treffpunkt des „Top 300" Clubs von Los Angeles, dem Humphrey Bogart und andere Hollywood-Größen angehörten. Tipp: einen Tisch im vorderen Teil des Restaurants reservieren, um am Abend die wunderbare Aussicht auf das Lichtermeer von L.A. genießen zu können. Besonders empfehlenswert: Heilbutt mit Spargelpüree.
(D 12) 1999 N. Sycamore Ave.
Hollywood
Tel. (323) 466-51 25
www.yamashirorestaurant.com
€€

SÜDEN

Roppongi
Eines der besten experimentierfreudigen Restaurants Südkaliforniens mit Sushi-Bar. Das Tapas-Angebot, Polynesian Crab Stack, Foie Gras mit japanischen Birnen und Spicy Kung Pao Calamari-Steaks locken Feinschmecker von weit her. Tipp: die knusprig gebackene Brasse. Die Weinkarte überzeugt auch den europäischen Kenner.
(D 13) 875 Prospect St.
La Jolla, Tel. (858) 551-52 52
€€€

Casa de Bandini
Eines der besten mexikanischen Restaurants in der Altstadt von San Diego. Riesige Margharitas und große Portionen sind Standard in der rustikalen *cantiña*. Unbedingt probieren: Lobster-Enchiladas und als Vorspeise den mexikanischen Crab- und Shrimpscocktail.
(D 14) 2660 Calhoun St.,
San Diego, Tel. (612) 297-82 11
BazaarDelMundo.com/dining/bandini.html €

Pamplemousse Grill
Die Top-Adresse für gehobene Gaumenfreuden in San Diego. Chefkoch Jeffrey Strauss hat eine sehr abwechslungsreiche Küche. Tipp: Lobster-Ravioli mit gedünsteten Scallops. Aber auch für Steakliebhaber eine gute Adresse.
(D 13) 514 Via de la Valle
Del Mar
Tel. (858) 792-90 90
www.pgrille.com €€€

Preiskategorien
Alle Adressen im Info-Magazin sind MERIAN-Empfehlungen.
Preiskategorien Hotels:
€ DZ unter 100$ €€ DZ 100-200 $ €€€ DZ über 200$ €€€€ DZ über 300 $
Preiskategorien Restaurants (ein Hauptgericht):
€ bis 15 $ €€ ab 15 $ €€€ mehr als 20 $

Der Leuchtturmwärter nimmt Nachtgäste auf: Die East Brother Light Station vor San Francisco

NORDEN

Beach Comber Motel

Sehr schöne, in der Nähe von Mendocino gelegene preiswerte Unterkunft. Komplett renoviert, toller Ausblick aufs Meer aus vielen Zimmern. Gute Fischrestaurants, Galerien und diverse Ausflugsmöglichkeiten in der Nähe.
(A 5) 1111 N. Main Street
Fort Bragg, CA 95437
Tel. (707) 964-24 02
Fax (707) 964-89 25, www.the beachcombermotel.com €

NAPA VALLEY, SONOMA VALLEY

El Bonita Motel

Preisgünstige Unterkunft im Herzen des Napa Valley. Die Zimmer des 1930 erbauten Artdéco-Gebäudes sind klein, aber gemütlich. Private Bungalows im Garten bieten mehr Platz für Familien mit Kindern.
(B 6) 195 Main Street
St. Helena, CA 94574
Tel. (707) 963-32 16
Fax (707) 963-88 38
www.elbonita.com €

YOSEMITE NATIONAL PARK

The Ahwahnee Hotel

Eines der imposantesten Hotels Amerikas in schönster Natur. Granitwände und massive Steinböden verleihen dem Luxushotel einen rustikalen Charakter. Man kann wählen zwischen Suiten, geräumigen Zimmern und 24 Blockhütten.
(D 8) P.O. Box 578
Yosemite National Park, CA 95389, Tel. (559) 253-56 35
www.yosemitpark.com/content 2hdr.cfm?SectionID=23& PageID=42 €€€€

SAN FRANCISCO BAY AREA

East Brother Light Station

Dieses auf einer Insel vor San Francisco gelegene luxuriöse Bed and Breakfast dient nach wie vor als voll funktionsfähiger Leuchtturm – und das bereits seit 130 Jahren.
East Brother Island erreicht man nach 10-minütiger Bootsfahrt von der Innenstadt, die fünf Zimmer in der viktorianischen Villa bieten fantastische Ausblicke auf die Bucht vor San Francisco.
(A 7) 117 Park Place
Point Richmond, CA 94801
Tel. (510) 233-23 85
www.ebls.org €€€

Hotel Majestic

Zentral im Stadtteil Pacific Heights gelegenes, recht preisgünstiges Haus aus dem Jahr 1902. Ausgestattet mit vielen französischen und englischen Antiquitäten.
(A 7) 1500 Sutter Street
San Francisco, CA 94109
Tel. (415) 441-11 00
www.thehotelmajestic.com €€

CENTRAL COAST

Post Ranch Inn

Vielfach als eines der schönsten Hotels der USA ausgezeichnet! Vor allem ruhesuchende Naturliebhaber begeistert dieses auf einer Klippe oberhalb des Pazifik gelegene exklusive Hotel mit seinen Baum- und Erdhäusern. Stars wie Clint Eastwood und Michael Douglas sind dort Stammgäste. Vom „Sierra Mar Restaurant" aus kann man Wale und Delfine beobachten.
(A 9) PO Box 219, Big Sur, CA 93920, Tel. (831) 667-22 00
Fax (831) 667-25 12
www.postranchinn.com €€€€

Deetjens Big Sur Inn

Die romantischen Zimmer dieses Hauses aus dem Jahre 1930 sind im norwegischen Bauernstil gestaltet. Im Castro Canyon nahe Big Sur am Highway 1 gelegen, ist das Inn idealer Zwischenstopp auf dem Weg nach Süden – abseits jeglichen Trubels.
(A 9) 48865 Hwy 1, Big Sur CA 93920, Tel. (831) 667-23 77
Fax (831) 667-04 66
www.deetjens.com €€

LOS ANGELES AREA

The Ambrose

Neues, familiengeführtes Hotel im Herzen von Santa Monica. Gehobene Klasse zu erschwinglichen Preisen. Zimmer im asiatischen Stil.
(D 12) 1255 20th Street
Santa Monica, CA 90404
Tel. (310) 315-15 55
www.ambrosehotel.com
DZ ab 155 $ €€

SAN DIEGO AREA

The Grande Colonial

Das Luxushotel mit familiärer Atmosphäre ist die älteste Herberge in La Jolla, liegt zentral und wurde liebevoll renoviert. Viele Zimmer haben Meerblick.
(D 13) 910 Prospect Street
La Jolla, CA 92037
Tel. (858) 454-21 81
www.thegrandecolonial.com
€€€

Days Inn

Schlichtes Design ohne großen Komfort, aber sauber und gepflegt. Günstige Alternative zu den teuren Hotels in La Jolla oder San Diego.
(D 13) 133 Encinitas Blvd.
Encinitas, CA 92024
Tel. (760) 944-02 60
www.daysinn.com €

HOT SPRINGS

Two Bunch Palms

Gangsterboss Al Capone nutzte die grüne Oase schon in den 20er Jahren als Versteck. Noch heute erinnert ein Einschussloch in der Capone-Suite an jene wilden Zeiten. Die Einheimischen glauben, dass Capones Geist immer wieder in Gestalt einer weißen Eule, die fast jeden Abend in einer Palme sitzt, an diesen mystischen Ort zurückkehrt. Das Resort verfügt über heiße Mineralquellen.
(E 12) 67-425 Two Bunch Palms Trail
Desert Hot Springs, CA 92240
Tel. (760) 329-87 91
Fax (760) 329-13 17
www.twobunchpalms.com
€€€€

MERIAN | MIT KINDERN UNTERWEGS

Pferde, Gold und Teddybären

Angebote für Kalifornien-Urlauber mit Kindern

Im Internet können Sie sich unter **http://travelforkids.com/Funtodo/California/california.htm** eine ganze Reihe von lohnenswerten Ausflugszielen bereits vor Reiseantritt anschauen und mit Ihren Kindern eine Vorentscheidung treffen.

Hier eine Auswahl:

(C 6) **Auburn** **Goldgräberstimmung in Auburn** Wie einst die Goldgräber können Kinder im Gold Country Museum von Auburn selbst versuchen, ein paar kleine edle Goldklumpen zu schürfen. **1273 High St., Auburn Tel. (530) 889-65 00** *Kein Eintritt*

(A 7) **Basic Brown Bear** In einer der wenigen verbliebenen kleinen Spielzeugfabriken von San Francisco können sich Kinder unter Anleitung ihren ganz persönlichen Teddy basteln. **Basic Brown Bear, 2801 Leavenworth St., San Francisco, CA, Tel. (415) 409-28 06, www.basicbrownbear.com** *Günstige Preise ab Fabrikverkauf, Teddy zwischen 12 $ und 150 $*

(A 7) **Sea Horse Ranch** Kinder ab 14 dürfen ebenso wie Erwachsene allein auf einem Pferd über den Strand reiten, Kinder unter 14 Jahren reiten in Begleitung eines Guide. **Half Moon Bay (rund 30 Autominuten südlich von San Francisco) am Highway 1, Tel. (640) 726-23 62 www.horserentals.com/seahorse.html** *Touren ab 30 $*

(B 8) **The Tech Museum of Innovation** Ein Museum im Herzen des Silicon Valley, in dem Kinder auch mal was anfassen dürfen. Kindgerechte Ausstellungen, an denen der Nachwuchs spielerisch technische Zusammenhänge des Alltags lernt. Es darf ertastet und erprobt werden, wie sich Erdbeben anfühlen, wie ein Zahnarztbohrer funktioniert oder wie eine Zeitung gemacht wird. **201 South Market Street, San Jose, Tel. (408) 294-83 24 www.thetech.org** *Kinder zwischen 3 und 12 Jahren 7 $ Besucher von 13 bis 64 Jahren zahlen 9.50 $*

(D 13) **Mit dem Schiff oder Helikopter nach Catalina Island** Mit dem Catalina Express ab Long Beach dauert die Überfahrt nach Catalina rund eine Stunde. Reservierungen unter Tel. 800-805 92 01. Erwachsene zahlen 43 $ für beide Strecken, Kinder schlagen mit 33 $ zu Buche. Schneller geht es mit dem Helikopter (14 Minuten Flug), was besonders bei rauem Seegang ein Segen sein kann. Allerdings ist das kein billiger Spaß, Kinder und Erwachsene zahlen jeweils 132 $ für den Hin- und Rückflug. Informationen bei **Island Express Helicopter Service, Tel. (310) 510-25 25**

(E 13) **Streichelzoo** Auf der Nut Farm der Bates Brüder nahe San Diego dürfen Kinder Enten, Ziegen und Schafe füttern. Für die Erwachsenen gibt es Kostproben landwirtschaftlicher Erzeugnisse. **Bates Brothers Nut Farm, 15954 Woods Valley Rd., Valley Center, Tel. (760) 749-33 33, www.batesnutfarm.biz** *Eintritt frei*

Extrem: Zwei Bergsteiger übernachten an der Steilwand des 2307 Meter hohen El Capitan im Yosemite National Park

ANGELN

Allgemeine Informationen über die besten Angelplätze Kaliforniens finden Sie auf der Website **www.fishingcalifornia.net**

Die besten Pier-Anglertreffs sind im Internet unter **www.pierfishing.com** aufgelistet.

(A 5) **Mendocino** Captain Tim kennt die Buchten von Mendocino seit 25 Jahren. Auf seinem Kutter bietet er Angeltouren an und verrät, wo man am besten Lachse, Krabben und Tunfisch fängt. **Tel. (707) 964-18 81 www.allaboardadventures.com** *Fünfstündige Trips 63 $ inklusive Ausrüstung*

(D 12) **Marina Del Rey** Angeltouren, bei denen es auf Heilbutt, Yellowtail und Barsch geht. Auch für Anfänger und Kinder geeignet. **Dock 52, Fiji Way, Marina Del Rey, Tel. (310) 822-36 25 www.marinadelreysport fishing.com** *Halbtagestrips für Erwachsene ab 30 $, Kinder ab 20 $*

FAHRRAD

(B 6) **Napa Valley Bike Tours** Geführte Fahrradtouren durch das Weinland oder individueller Verleih. **68 Coombs St Suite #11, Napa Tel. (707) 251-86 87 Fax (707) 226-10 49 www.napaadventures.com/** *Pro Tag ab 25 $, pro Stunde 6 $*

(D 12) **Santa Monica Beach und Bike Rentals** Hinter den Stränden von Santa Monica und Venice finden sich zahlreiche Fahrradverleiher. Touren auf einem geteerten Weg an der Küste entlang sind auch für Kinder ein Vergnügen. **Perrys Cafe & Rentals 1200 Pacific Coast Hwy., Santa Monica, Tel. (310) 458-39 75 www.actionsportsrentals.com/** *Bikes & Skates für 7$ pro Stunde oder 20 $ pro Tag (3+ hours)*

GOLF

Über 700 Golf Courses gibt es in Kalifornien. Viele Hotels haben eigene Plätze und bieten vor allem unter der Woche attraktive Pakete für Gäste an, die im Urlaub günstig Golf spielen möchten. Es lohnt sich

daher, die Websites der Hotels nach Sonderraten zu durchsuchen. **Tipp:** In allen Teilen Kaliforniens gibt es Golf Outlet Center, in denen Zubehör und Schläger oft weit unter Ladenpreis angeboten werden. Hotelportiers oder die Gelben Seiten sagen wo.
Gute Informationen über die besten Plätze in Kalifornien:
www.golfcalifornia.com/

Die besten Golf Courses:
(A 8) **Pebble Beach:** Gilt als einer der schönsten Golfplätze der Welt. Austragungsort von zahlreichen nationalen und internationalen Turnieren.
www.pebblebeach.com

(A 8) **Poppy Hills**
(Pebble Beach)
Entworfen von Robert Trent Jones Jr. zählt das schmucke Poppy Hills zu den Top 20 Plätzen in der Welt.
www.poppyhillsgolf.com/

(E 13) **PGA West TPC Stadium Course** (La Quinta)
Viel Wasser und einige tiefe Mulden machen diesen Kurs zu einem der schwierigsten in Kalifornien.
www.laquintaresort.com/golf/

(D 13) **Torrey Pines Golf Course**
(La Jolla) Gleich zwei 18-Loch-Plätze direkt am Pazifik gelegen bieten jede Menge Herausforderungen. Im Jahr 2008 finden hier die US Open statt.
www.torreypinesgolfcourse.com

INLINESKATEN

(D 12) **Skating**
Die Schauspielerin Debbie Merrill verdient sich ihren Lebensunterhalt in erster Linie damit, Touristen an der Promenade von Santa Monica das Skaten (und bremsen!) mit viel Spaß beizubringen.
Skating mit Debbie Merrill am Santa Monica Beach
Tel. (310) 821-54 89
www.skategreat.com
debbie@skategreat.com
Pro Stunde für zwei Personen 70 $ an Wochentagen. Kinder unter 7 Jahren werden kostenlos mit unterrichtet

KAJAK

(A 5) **Kajak „Mendocino Sea Cave" Tours**
Keine Vorkenntnisse erforderlich, ideal für Familien. Geführte Touren (2 Stunden) kosten 50 $ pro Person, inklusive Ausrüstung. Reservierung nötig. Kajaks sind auch ohne Guide zu mieten.
Tel. (707) 937-24 34
www.lostcoastkayaking.com/

(D 13) **Catalina Island**
Touren können pro Stunde oder tageweise als Paket inkl. Übernachtung gebucht werden. Keine Vorkenntnisse nötig.
DBOS/Catalina Island Kayak Expeditions, Avalon
Tel. (310) 510-12 26
www.kayakcatalinaisland.com

(A 6) **Alexander Valley Camping**
Der idyllisch gelegene Russian River, eine gute Autostunde nördlich von San Francisco nahe der Küste, bietet von April bis September ideale Voraussetzungen fürs Kajaking. Bei mehrtägigen Ausflügen ist der Alexander Valley RV Park und Campground ein guter Stützpunkt.
2411 Alexander Valley Road
Healdsburg, Tel. (707) 431-14 53
www.alexandervalleyrvpark.com
Ganztagestouren ab 100 $
Camping ab 10 $ pro Person

MOUNTAINBIKEN

In den Gebirgszügen im östlichen Kalifornien und in den Bergen an den Küsten bieten sich tolle Tourmöglichkeiten mit verschiedenen Schwierigkeitsgraden. **Tipps** für die besten Strecken in Kalifornien gibt es auf der Website
www.socalmtb.com/socal/trails/

Besonders beliebte Strecken:
(D 6) **Mr. Toad's Wild Ride**
Nahe Lake Tahoe. Anspruchsvoller Trail, fast 21 km lang.
(D 6) **Great Flume Trail** Bei Lake Tahoe führt dieser Weg über die Grenze nach Nevada.
(B/C 3) **Mount Shasta** Vor allem im Sommer vielbefahren.
(D 8) **Mammoth Lakes** Sehr anspruchsvolle aber auch moderate Streckenverläufe. Der Kamikaze Downhill Trail ist aufgrund seiner vielen Slaloms nur für geübte Biker zu empfehlen.

SURFSCHULEN

(D 12) **Pure Surfing Experience Inc.**
Surfkurse für Anfänger und Fortgeschrittene von Montag bis Freitag zwischen 10 und 14 Uhr am Huntington Beach. 60 $ pro Tag, 300 $ pro Woche. Auch Einzelkurse sind möglich.
201 Loma Vista St. #D, El Segundo, Tel. (310) 546-44 51
www.puresurfingexperience.com
www.campsurf.com/

(D 14) **Cheap Rentals**
Beste Adresse in San Diego, um Fahrräder, Surfboards, Wetsuits, Schnorchel, Strandstühle und Sonnenschirme zu leihen.
3685 und 3221 Mission Blvd., San Diego, Tel. (858) 488-90 70
Fax (858) 488-71 19
www.cheap-rentals.com

WINTERSPORT

DIE BESTEN SKIGEBIETE

(E 12) **Big Bear**
Knapp zwei Kilometer östlich von Big Bear. 11 Lifte, 31 Abfahrten. Sehr gut geeignet für Anfänger und Fortgeschrittene.
Snow Summit
Tel. (909) 866-57 66
www.bigbearmountain resorts.com/
Lifttickets ab 50 $

(D 8) **Mammoth**
30 Lifte, 150 Abfahrten, eher für geübte Skifahrer und Snowboarder geeignet. Großer Snowboard Park.
Hwy. 203, W of Hwy. 395
Mammoth
Tel. (760) 934-25 71
www.MammothMountain.com/
Lifttickets ab 50 $

(C 6) **Squaw Valley**
31 Lifte, 116 Abfahrten, für alle geeignet.
Squaw Valley Ski Corporation
1960 Squaw Valley Road
Olympic Valley
Tel. (530) 583-69 85
Fax (530) 581-71 06
www.squaw.com
Lifttickets ab 59 $

MERIAN | RÜCKBLICK

Summer of Love 1967

Flower-Power, freie Liebe und Drogenrausch

Vor bald 40 Jahren protestierte die Jugend Amerikas während des „Summer of Love" gegen Vietnamkrieg und Spießertum. Zentrum der Bewegung war der Stadtteil **Haight Ashbury** in San Francisco. Der Protest war kreativ, das Ausprobieren neuer Lebensformen wie die der freien Liebe gehörte dazu und empörte das Establishment. Angefangen hatte alles mit einem Treffen von Jugendlichen aus allen Teilen der USA am **14. Januar 1967 im Golden Gate Park**. Einer der Organisatoren der als „Union of Love and Activism" deklarierten Veranstaltung war **Allen Cohen**. In seiner Ansprache rief er den vielen tausend Jugendlichen zu: „Wir sind hier, um eine bessere Welt zu schaffen." Das war der Startschuss für ein legendäres Happening. Zur Musik von Bands wie **Jefferson Airplane** versetzten sich die Hippies an diesem Abend massenweise in einen wahren Emanzipationsrausch mit wilden Sexorgien und offenem Drogenkonsum. San Francisco wurde in den darauf folgenden Monaten das Mekka antibürgerlicher Jugendlicher aus dem ganzen Land. Innerhalb eines Jahres wuchs die Bevölkerung in Haight Ashbury von 15 000 auf 100 000 an. Es war hier in „Hashbury", wo die Hippie-Bewegung auch eigene kulturelle Formen kreierte. Künstler entdeckten die neuen Helden wie **Martin Luther King** oder **Gandhi** als Motive für die erste Pop-Art. Auch viele prominente Mitstreiter der sechziger Jahre siedelten sich an der berüchtigten Hippie-Meile an. **Janis Joplin** etwa lebte in der Lyon Street 122. Die Band **Greatful Dead,** die sich in jenen Tagen noch **The Warlocks** nannte, hauste in Ashbury Nr. 710. Und die berüchtigte „Familie" des späteren Massenkillers **Charles Manson** fand Unterschlupf in 2400 Fuller Street. Durch den unkontrollierten Zustrom neuer Möchtegern-Hippies und Drogenjunkies endete der „Summer of Love" bald im Chaos. Die Idee eines sozialen Lebenswandels ohne zwingende Regeln war zu Beginn der siebziger Jahre endgültig gescheitert, nachdem die Stadtväter von San Francisco mit dem eigens geschaffenen „Rehabilitation Assistance Program" für Haight Ashbury die alternative Kommune Stück für Stück auflöste. Man gewährte Hausbesitzern satte Zuschüsse für Renovierungen. So entstanden über Jahre hinweg luxuriöse Edelbehausungen und eine neue Gesellschaftsgruppe machte sich in Haight Ashbury breit: Aus Hippies wurden Yuppies.

Im Zentrum des Universums: Beatle George Harrison 1967 in „Hashbury"

10 000 - 8000 v. Chr. Nach dem Ende der Eiszeit siedeln sich Indianer im heutigen Gebiet Kaliforniens an. Das warme Klima lässt erstmals Laubbäume wachsen.
1542 Am 28. September entdeckt der portugiesische Seefahrer Juan Rodriguez Cabrillo als erster Europäer Kalifornien. Er landet in der Bucht des heutigen San Diego.
1769 Unter der Leitung des aus Mallorca stammenden Franziskanermönches Junipero Serra wird in San Diego die erste von 21 Missionen entlang des Camino Real errichtet.
1777 Monterey wird Hauptstadt des mexikanischen Kalifornien.
1781 Das Pueblo Los Angeles wird gegründet.
1822 Mit der mexikanischen Revolution wird die spanische Herrschaft beendet.
1835 William Richardson gründet San Francisco, das anfangs Yerba Buena heißt.
1846 John C. Fremont führt die Bear Flag Revolt an, die „Bärenflaggen-Revolte", die Kalifornien die Unabhängigkeit von der mexikanischen Herrschaft beschert. Die während der Revolte benutzte Fahne dient seither als Landesflagge Kaliforniens.
1848 Kalifornien wird von den USA annektiert.
1849 Nachdem James Marshall erstmals 1848 Gold in Coloma gefunden hat, landen innerhalb eines Jahres im Norden des Landes mehr als 800 Schiffe allein mit Goldsuchern aus New York an Bord.
1850 Kalifornien wird am 9. September als 31. Staat offiziell in die Vereinigten Staaten von Amerika aufgenommen.
1853 Der bayerische Einwanderer Levi Strauss kommt nach San Francisco und verkauft die ersten Hosen aus Segeltuch.
1854 Sacramento wird Hauptstadt Kaliforniens.
1869 Am 12. Mai 1869 wird die transkontinentale Eisenbahn fertig gestellt, die Kaliforniens Aufstieg als Wirtschaftsmacht einleitet.
1906 Ein Erdbeben der Stärke 8,3 verwüstet San Francisco. Mehr als 3000 Menschen sterben, 25 000 werden obdachlos.
1911 William und David Horsely drehen mit „The Law of the Range" den ersten Hollywood-Film.
1929 In Hollywood wird erstmal der „Oscar" vergeben. Im Jahr zuvor erfand Walt Disney seine Mickey Mouse
1932 In Los Angeles finden Olympische Spiele statt. Im Jahr 1984 ist die Stadt ein weiteres Mal Gastgeber der Spiele. Squaw Valley richtet die Winterspiele 1960 aus.
1937 Die Golden Gate Bridge wird freigegeben.
1967 Der „Summer of Love" bringt mehr als eine halbe Million junger Leute nach Haight Ashbury, dem Mekka der Hippiebewegung.
1978 Im Silicon Valley nahe San Francisco baut Apple seinen ersten Rechner.
1989 San Francisco wird von einem Erdbeben heimgesucht. Es sterben 67 Menschen, 1800 werden obdachlos.
1991 In der Homosexuellen-Hochburg San Francisco ist AIDS die häufigste Todesursache bei Männern.
2000 Bei einer Volkszählung wurden 33 871 648 Einwohner in Kalifornien ermittelt.
2003 Arnold Schwarzenegger wird als zweiter nichtgebürtiger Amerikaner nach dem Iren John Downey (1860) zum kalifornischen Gouverneur gewählt.

Arnold Schwarzenegger: vom Bodybuilder zum Gouverneur

Pamela, wo bist Du? Vielleicht am Zuma Beach, dem Star der Strände im mit Prominenz gefüllten Malibu. Strände gibt es in Kalifornien buchstäblich wie Sand am Meer und ein jeder Kalifornien-Urlauber wird seinen Lieblings-Beach haben. Deshalb erhebt unsere Traumstrände-Liste natürlich keinen Anspruch auf Vollständigkeit:

A Lover's Point bei Monterey
B Pismo Beach
C Laguna Beach
D Coronado Beach

16 Coronado Das ausgefallene viktorianische Hotel del Coronado ist das Juwel der Coronado-Halbinsel zwischen San Diego und Tijuana. In „Manche mögen's heiß" stand Marilyn Monroe hier vor der Kamera. Auch ohne die blonde Diva hat das Haus seinen Reiz, und es lohnt sich, anzuhalten, einen Kaffee zu trinken oder in der alten Foyer-Bar einen Drink zu nehmen.

18 Santa Catalina Nur 50 Kilometer vom Festland entfernt, ist Santa Catalina Island mit dem Schiff leicht von Long Beach oder San Pedro aus zu erreichen. Ein Großteil der bergigen Landschaft ist unberührt und ein beliebtes Wochenend- und Ferienziel. Die Landschaft ist atemraubend. Hauptstadt ist die verkehrsfreie Hafenstadt Avalon.

17 Malibu Reizvoll sind die Stelzenhäuser, hier beginnen die endlos langen Strände von Los Angeles, ein Paradies für Surfer und Sonnenhungrige. Erlebnisse der speziellen Art hat, wer die Autostadt Los Angeles zu Fuß erkundet, siehe Seite 28.

19 Tijuana Mexikanisch, farbig, grell: Die Grenzstadt mit fast zwei Millionen Einwohnern ist nur 15 Meilen von San Diego entfernt. Der Highway No. 1 endet vorher in Dana Point. Einen Abstecher nach Tijuana sollten Sie dennoch machen. Zum preiswerten Einkaufen oder um sich abends zu vergnügen. Restaurants und Nachtclubs reihen sich an der Avenida Revolución aneinander. Lohnend ist auch ein Besuch des Museo de las Californias, das die Geschichte der Missionen zeigt.

unter freiem Himmel. Mit dem großen Angebot an Wassersportmöglichkeiten, Kulturparks und dem größten Zoo der USA ist die Stadt ein gigantischer Spielplatz für Erwachsene, für den sich Besucher mindestens zwei Tage Zeit nehmen sollten (s. S. 116).

15 Long Beach Das berühmteste Wahrzeichen ist natürlich Luxusliner „Queen Mary", der an den Piers seinen festen Liegeplatz hat und ein Luxushotel beherbergt. Der Strand ist zwar lang, aber sicher nicht der schönste Kaliforniens. Dafür hat es das Nachtleben in sich: Ab 22.00 Uhr verwandeln sich viele der (guten) Restaurants in Dance Clubs, in denen es hoch hergeht.

Unberührte unbekannte Alpenwelt: Die schönste Wandertour im Nationalpark Triglav führt durch das Sieben-Seen-Tal

Sloweniens schönste Küstenstadt: das mittelalterliche Piran mit dem Fischerhafen

Kaiserschimmels Heimat: Lipica, Geburtsstadt der Lippizaner, hat sich dem Reittourismus geöffnet

Slowenien – so nah und doch so fremd: Wir zeigen das unbekannte Land im Herzen Europas

- 8000 Höhlen: Nervenkitzel in der Unterwelt
- Slowenische Steiermark: Europa en miniature
- Partisanen: Die Geschichte von Schuld und Sühne
- Stadtskizzen: Drei venezianische Kleinode
- Ljubljana (Leibach): Junge Szene in alten Mauern
- Triglav: Wanderung durch die Sagenwelt Sloweniens

Zuletzt erschienen:

Dezember 2004

November 2004

Oktober 2004

September 2004

August 2004

Juli 2004